はじめての
ヨハネ福音書

棟居　正

日本キリスト教団出版局

はじめに

先に『はじめてのマルコ福音書』を書きました。それは聖書を読むことで、一人でも二人でも、イエスをキリストと信じるようになり、ご自分がなぜこの世に生を受けたのかを知り、活き活きとした人生に導かれてほしいと願ってのことだったのです。

今回は続いて、『はじめてのヨハネ福音書』を書こうと思い立ちました。なぜ今度はヨハネなのか。それはこういうわけです。

教会ではマタイによる福音書、マルコによる福音書、ルカによる福音書、そしてヨハネによる福音書をまとめて、四福音書と言っています。どの福音書もイエスという方のおっしゃったこと、なさったことを書き残しています。その点ではヨハネによる福音書も同じなのですが、ヨハネによる福音書は他の福音書と比べても、特に、「イエスをキリストと信じるというのはどういうことなのか」をはっきりと伝えているように思うのです。

それは、福音書が書かれた時期にも原因があるのかもしれません。ヨハネ福音書が書かれたのは80年代末から90年代だったろうと言われています。キリスト教への迫害が強まっていた時代です。その中で、この福音書を書いた人は「わたしはぶどうの木、あなたがたはその枝である。人がわたしにつながっており、わたしもその人につながっていれば、その人は豊かに実を結ぶ。わたしを離れては、あなたがたは何もできないからである」（ヨハネ15・5）といった御言葉を通して、「イエスをキリストと信じる」ということの本質を伝えようとしているのです。

書き出しからして、この書は他と違っています。マタイとルカにはみなさんご存じのクリスマス物語があります。マルコにはイエス誕生の次第は書かれていません。ヨハネによる福音書にもそれがないように見えるのですが、実はそうではなく、クリスマスの出来事よりもさらにさかのぼって、イエスさまの存在が捉えられています。イエスさまを「神さまによってこの世に遣わされた存在」として見ているのです。とても大事なところですから、そのあたりをよく注意しながら読み始めましょう。

わたしは一般のキリスト教信徒です。専門家ではありませんから、聖書の言葉でどうしてもよくわからないことが出てきます。この本を書くに当たっては、いくつかの参考書を調べることで、理解の助けとしました。

『増訂新版　新約聖書略解』（山谷省吾、高柳伊三郎、小川治郎編集、日本基督教団出版局）
『新共同訳　新約聖書略解』（山内眞監修、日本キリスト教団出版局）
『新共同訳　新約聖書注解　I』（高橋虔、B・シュナイダー監修、日本基督教団出版局）

などです。

最後にお願いしたいのは、この本をお読みになって、聖書を読んだということにしないでいただきたいということです。この本は手引きのようなものです。ぜひ本物の聖書をお読みになり、そこから神の声をあなたご自身で聴き取っていただきたいのです。

さあ、それではご一緒にヨハネによる福音書を読んでいきましょう。ここでは『聖書　新共同訳』（日本聖書協会）を使います。

目次

はじめてのヨハネ福音書　目次

＊本書の聖書の引用は『聖書　新共同訳』（日本聖書協会）に準拠します

装丁　クリエイティブ・コンセプト　江森恵子
装画　金斗鉉

第1章

1～18節　言が肉となった
19～28節　洗礼者ヨハネの証し
29～34節　神の小羊
35～42節　最初の弟子たち
43～51節　フィリポとナタナエル、弟子となる

◆1章1～18節　言が肉となった

「初めに言《ことば》があった。言は神と共にあった。言は神であった。この言は、初めに神と共にあった」（1～2節）

これがこの福音書の始まりです。イエスという方が言であったというのです。神の言です。「言葉」でなく、「言」ひと文字でコトバと読ませているのは、イエスさまが特別なコトバであることを表すためかもしれません。言葉は、それを使う人の心や考え方を伝えます。神さまの言であるイエスさまを知ると、神がどういう方かわかるのです。

ヨハネは大胆に、「初めに言があった」と言っています。マタイとルカの福音書は、イエスという方が二千年ほど前のクリスマスの晩にお生まれになったことを記しますが、ヨハネ福音書はそこからはるかにさかのぼり、天地創造の「初め」からイエスさまが「神と共にあった」と記しています。

そういえば『讃美歌21』の245番の1節には「世の成らぬさきに、既にいまして」と歌い始めていますし、同じく260

番の1節の中に「救い主、あらわれぬ」と歌っていますね。世の初めからあった方が、あのクリスマスの晩に「あらわれ」た。これはしっかり押さえておきましょう。

その上で「万物は言によって成った」（3節）と言います。創世記の初めを読むと、「光あれ」「大空あれ」と神さまが御言葉によって、天地創造を行った様子が書かれています。この創造の御言葉に命と光が込められています。

「言の内に命があった。命は人間を照らす光であった。光は暗闇の中で輝いている。暗闇は光を理解しなかった」（4〜5節）。神さまはさまざまなものを創造することによって、この世に命と光をもたらしてくださったのでした。

そしてこの命と光そのものである神の言が、わたしたちと同じ肉体をとり、わたしたちが目で見て、手に触れられる方として現れてくださったのが、イエスさまなのです（14節参照）。

続いて、神さまから遣わされた一人の人が登場します。その名はヨハネ。なんのためかと言えば、「彼は証しをするために来た。光について証しをするため、また、すべての人が彼によって信じるようになるためである」（7節）。光であるイエスさまをみんなが信じるようになるため、まずヨハネが来て、人々の心を整えるのです。

ヨハネ自身は光ではありません。光であるイエスさまの活動をあらかじめ人々に知らせ、「この人のなさること、おっしゃることをよく御覧なさい、聞きなさい」と、その道備えをするために遣わされました。なぜなら、イエスさまという光は、「まことの光で、世に来てすべての人を照らす」（9節）からです。この光にみんなが照らされるよう、準備をするのがヨハネの役目です。

ところが、「世は言を認めなかった」（10節）。残念なことですが、人間は本当に「闇」の奴隷なのです。闇の中に閉じ込められている人間は、なかなか光を認めたくありません。光を認めてしまえば、自分が闇の中に閉じ込められていることが明らかにされてしまうからです。

「言は、自分の民のところへ来たが、民は受け入れなかった」（11節）とあるように、せっかく神が、わたしたち人間に罪の闇から抜け出し、神の光の中で生きるようにはからってくださったのに、わたしたち人間は一向にそのことを受け入れません。これがまさに人間の姿です。

しかし、数は少ないかもしれませんが、イエスさまを信じ、受け入れる人も出てきます。その「人々には神の子となる資格を与えた」（12節）とあり、信仰の結果が救いに至るのだ、と言っています。

ところで「信じる」とはどういうことなのでしょう。信じると、わかるとは違います。わかるはわたしたちの理解力によります。でも信じるというのは、わからなかったものもそのまま受け入れるということです。

教会は使徒信条の中で、「我は天地の造り主、全能の父なる神を信ず」と自らの信仰を告白しています。全能とは何でもおできになるということですね。この全能の神さまがわたしたちにイエスさまを与えてくださったと信じるのが、わたしたちの信仰です。

このイエスさまの誕生について、「言は肉となって、わたしたちの間に宿られた。わたしたちはその栄光を見た。それは父の独り子としての栄光であって、恵みと真理とに満ちていた」（14節）とあります。

肉となって、とは「人間の形をお取りになって」ということで、これこそがクリスマスの出来事です。神さまが人間の形になって、地上に来てくださったというのは本当に深い神の知恵です。イエスさまが人間になって来てくださったからこそ、神さまがどういうお方であるか、わたしたちにもわかるようになりました。

「いまだかつて、神を見た者はいない。父のふところにいる独り子である神、この方が神を示されたのである」（18節）。本当にそのとおりです。神はわたしたちの目では見えません。見えないのをよいことに、神などいないとばかりに、わたしたちは自分勝手にしたい放題のことをしてしまうのです。でもそれで結局迷子になり、苦しみ、このままではいけないと生きる道を求めます。

そういうわたしたちに神さまを示すために、イエスさまが来てくださいました。わたしたちはイエスさまを通して「恵みの上に、更に恵みを受けた」（16節）のです。

◆1章19〜28節　洗礼者ヨハネの証し

イスラエルの民には古くから、自分たちを救ってくださるメシア（救い主）が来てくださる、と待ち望む信仰がありました。だからヨハネが現れたとき、エルサレムのユダヤ人は、祭司やレビ人をヨハネのもとに遣わして「あなたは、どなたですか」と質問させました（19節）。それに対し、ヨハネは自分はメシアではないし、旧約のエリヤの再来でもない、預言者でもないと否定します。

では、あなたは何なんですか、と問いただす声に対して、ヨハネは預言者イザヤの言葉によってはっきりと答えました。「わたしは荒れ野で叫ぶ声である。『主の道をまっすぐにせよ』と」（23節）。

そのもとになったイザヤ書40章3節を開くと、「わたしたちの神のために、荒れ地に広い道を通せ」とあります。「荒れ野」は、わたしたちの生きる世界のことではないでしょうか。そこにイエスさまが来てくださる道を通すのが、ヨハネの仕事です。

ヨハネはこのとき、「ヨルダン川の向こう側、ベタニア」（28節）で洗礼を授けていました（ベタニアはヨルダン川が死海に流れ込む入り口近くにあります。『聖書　新共同訳』の巻末の聖書地図6で見ておきましょう）。そこで、この質問をしている人が「あなたは……なぜ、洗礼を授けるのですか」（25節）とさらに踏み込んできます。

ヨハネの答えはこうでした。「わたしは水で洗礼を授けるが、あなたがたの中には、あなたがたの知らない方がおられる」（26節）と。ヨハネの洗礼はこの「あなたがたの知らない方」を指し示すためのものなのです。「その人はわたしの後から来られる方で、わたしはその履物《はきもの》のひもを解く資格もない」（27節）とも言います。「その人」とはもちろんイエスさまのことです。

◆1章29～34節　神の小羊

29節で初めてイエスというお名前が出て来ます。そのイエスさまについてヨハネは、「見よ、世の罪を取り除く神の小羊だ」（29節）と告げます。

「神の小羊」という言葉の意味は、出エジプト記12章を読むとわかります。昔々、イスラエルの民がエジプトで奴隷の苦しみにあえいでいました。それを憐れんだ神さまが、民をエジプトから脱出させることにしました。そのとき、神さまはエジプトの人々に攻撃を加えたのですが、イスラエルの民には小羊の血を自分たちの家の鴨居と柱に塗っておくように命じました。神さまはそれを目印として、イスラエルの民には危害を加えませんでした。こうしてイスラエルの民は無事に脱出を果たすことができたのです。つまり小羊の血で救われたのです。

もうひとつ大切なのは、イザヤ書53章です。「苦難の僕《しもべ》の歌」と呼ばれるこの箇所には、「屠《ほふ》り場に引かれる小羊のように　毛を刈る者の前に物を言わない羊のように　彼は口を開かなかった」（53・7）と言われる人が登場します。この人について「彼の受けた懲らしめによって　わたしたちに平和が与えられ　彼の受けた傷によって、わたしたちはいやされた」（同5節）と表現されているのです。ここから、わたしたちの受けるべき苦しみを代わりに負ってくださる「神の小羊」という救い主理解が生まれました。

ヨハネ福音書は、これらの旧約聖書の記述に基づいて「神の小羊」という言葉を使い、イエスさまがわたしたちの救い主であること、特にイエスさまの血でわたしたち人間が救われることを、福音書の冒頭で示しています。このことはこの先ずーっと読んでいくと、もっとはっきりわかるでしょう。

そしてヨハネは自分の洗礼の働きが、この方をお迎えする準備であると語ります。「この方がイスラエルに現れるために、わたしは、水で洗礼を授けに来た」（31節）と。

実はヨハネはあらかじめ神さまから、「〝霊〟が降《くだ》って、ある人にとどまるのを見たら、その人が、聖霊によって洗礼を授ける人である」（33節）と聞いていました。そしてヨハネがイエスさまに洗礼を授けたとき、そのとおりに「〝霊〟が鳩のように天から降って、この方の上にとどまるのを見た」（32節）のです。ヨハネはイエスさまを知りませんでしたが、でもこの出来事によって彼ははっきりと、この方こそ神の子、イエスさまだと信じたのですね。それがわかったのは、彼の心の目が澄んでいたからでしょう。

この「聖霊がイエスさまの上に降る」ということは何を意味しているのでしょう。ヨハネは水の洗礼によって、人々に「罪の悔い改め」をさせていましたが、神の言であるイエスさまに罪があるはずはありません。にもかかわらずイエスさまはご自分が罪ある人間と全く同じになって、洗礼を受けてくださいました。そのことを神が心からお喜びになって、イエスさまに聖霊を送られたのではないでしょうか。

神の言であるイエスさまは、へりくだる方だったのです。そして神は聖霊を送ってその歩みを励ましました。ヨハネはそれを見て「この方こそ神の子であると証しした」のです（34節）。

◆1章35～42節　最初の弟子たち

続いて、ヨハネが「二人の弟子」と一緒にいたときのことです。ヨハネは、イエスさまが歩いているのを見て、「見よ、神の小羊だ」と弟子たちにイエスさまを紹介します（35～36節）。「神の小羊」は29節にも出てきましたね。

二人の弟子はヨハネのもとを離れ、イエスさまに従います。二人がイエスさまに「どこに泊まっておられるのですか」と尋ねると、イエスさまは「来なさい。そうすれば分かる」といざなってくださり、二人はイエスさまのもとに泊まりました（38～39節）。

小中高の学校では修学旅行というのがあります。数日、旅館やホテルに友人たちと泊まります。すると友達がどんな人物なのか思いがけずよくわかったりします。二人の弟子もイエスさまと一緒に泊まったことで、イエスさまのことがよくわかったでしょう。

この「泊まる」と訳されている言葉は、原語のギリシア語では「メノー」という単語で「とどまる」という意味です。ここでは二人が、じっくりとイエスさまとお付き合いしたことを意味します。ヨハネ福音書15章4節に「ぶどうの枝が、木につながっていなければ、自分では実を結ぶことができないように、あなたがたも、わたしにつながっていなければ、実を結ぶことができない」との御言葉があります。この「つながる」も原語は「メノー」です。この二人はイエスさまとつながって、イエスさまの弟子になったのです。

二人のうちの一人アンデレは、兄弟のシモンもイエスさまのもとに連れて行きます。イエスさまは一瞬でシモンの頑固な性格を見抜いたのかもしれません。岩という意味の「ケファ」という名前をつけます。ケファのギリシア語訳が、みなさんご存じのペトロです（40～42節）。

◆1章43～51節　フィリポとナタナエル、弟子となる

さらに、もう二人がイエスさまの弟子になります。イエスさまはまずフィリポに出会って「わたしに従いなさい」(43節) と声をかけました。フィリポはナタナエルにイエスさまを紹介しようとしますが、ナタナエルは「ナザレから何か良いものが出るだろうか」などと言って乗り気ではなさそうです。するとフィリポは、「来て、見なさい」(46節) とナタナエルに言いました。

わたしはこの「来て、見なさい」という言葉がとても好きです。「イエスさまってどんな人?」って聞かれたら、「来て、見なさい」です。誰かのことをああだこうだと説明しても、その人がどんな人かは、その人に会って直接お話を聞かなければわかりません。

イエスさまには会うのは礼拝の場です。わたしたちもイエスさまを知りたければ、教会の礼拝に出て、説教を聴くことがまず一番です。また、イエスさまのことを書き記した聖書にしっかり向き合って、書かれている事柄を心で聴くのです。「聞く」ではなく「聴く」と書いたのは、頭で読むだけでなく、心で聴き取ってほしいからです。

ナタナエルはフィリポに誘われたのですが、この人には先入観がありました。それが「ナザレから何か良いものが出るだろうか」という言葉になりました。ナザレはパレスチナ北部、ガリラヤ地方の小さな村です。歴史的な経緯があり、南のユダヤ人たちから、やや軽蔑の目で見られていたそうです。イエスさまの出身地であるナザレを色眼鏡で見るそんなナタナエルに、フィリポは「来て、見なさい」と言いました。

フィリポに言われて、ナタナエルはイエスさまのもとにやってきました。初対面のはずのナタナエルにイエスさまは「わたしは、あなたがフィリポから話しかけられる前に、いちじくの木の下にいるのを見た」(48節) と伝えます。

ナタナエルは、イエスさまが前もって自分を見守っていてくださったことを知り、イエスさまを軽蔑する思いは砕かれました。だから「ラビ、あなたは神の子です。あなたはイスラエルの王です」(49節) と言いました。ナタナエルの心もまっすぐですね。

イエスさまは続けます。「もっと偉大なことをあなたは見ることになる。……はっきり言っておく。天が開け、神の天使たちが人の子の上に昇り降りするのを、あなたがたは見ることになる」（50〜51節）。

この言葉は、創世記28章にあるヤコブの夢を思い出させます。父イサクをだまして、まんまと祝福を兄エサウから奪い取ったヤコブですが、兄の怒りをかって逃げ出します。そのヤコブが野宿した場所でこんな夢を見ました。「彼は夢を見た。先端が天まで達する階段が地に向かって伸びており、しかも、神の御使いたちがそれを上ったり下ったりしていた。見よ、主が傍らに立って言われた。『わたしは、あなたの父祖アブラハムの神、イサクの神、主である。あなたが今横たわっているこの土地を、あなたとあなたの子孫に与える』」（創世記28・12〜13）。とんでもない罪を犯したヤコブにも、神さまの目はなお注がれていました。神はヤコブをしっかりとご自分と結び付けてくださったのです。

イエスさまは、このヤコブの見た夢を踏まえつつ、ご自身が神さまとしっかりつながっていることを、やがてあなたは見るだろうと教えてくださいました。

第2章

◆2章1〜12節　カナでの婚礼

ガリラヤ湖と地中海のちょうど真ん中あたりに、カナという村があります。そこで結婚のお祝いがあり、その宴会にイエスさまも弟子たちと一緒に出席していました。楽しい宴《うたげ》の真っ最中、宴会になくてはならないぶどう酒がなくなってしまいました。

イエスさまの母マリアは、この宴会のお世話をしていたようです。自分の息子のイエスなら、急場をしのぐことができるかもしれないと思ったのでしょう。マリアはイエスさまの所に来て、「ぶどう酒がなくなりました」（3節）と知らせます。ところがイエスさまのお答えは、「婦人よ、わたしとどんなかかわりがあるのです。わたしの時はまだ来ていません」（4節）でした。

母に対して、ちょっとつれない返事をなさったように見えますが、「わたしが本当にしなければならないこと」と、「あなたがわたしにしてほしいと思うこと」は違うのです、という意味です。「あなたは今婚礼の席でぶどう酒がなくなったことに心が捕らわれているでしょうが、わたしがこの世に来た本当の理由はもっともっと大きなことなのです。まだその時は来ていませんが」と、イエスさまは母マリアに伝えたのです。

マリアはイエスさまが何を言おうとなさったか、わかったのでしょう。でもマリアは落胆しません。イエスさまに期待し、召使たちに「この人が何か言いつけたら、そのとおりにしてください」(5節)と伝えました。

会場の入り口には、ユダヤ人が清めに使う石の水がめが六つ置いてありました。掟を守るのに熱心なユダヤの人々は、食事の前に丁寧に手を清めました。そのための水がめです。この水がめ、「二ないし三メトレテス入り」(6節)とありますが、一メトレテスは約三九リットルだそうですから、随分大きなかめです。

しばらくしてマリアが言ったとおりのことが起こります。イエスさまが召使に指示を出したのです。

イエスさまは召使たちに、その水がめいっぱいに水を入れるように命じた後、「さあ、それをくんで宴会の世話役のところへ持って行きなさい」(8節)とおっしゃいました。指示されたとおり、召使たちはそれを世話役の所に運んで行きます。世話役が味見をしてみると、なんと水がめの水は、今まで出していたぶどう酒をはるかに上回る美味しいぶどう酒に変わっていました。

これがヨハネ福音書でイエスさまがなさった「最初のしるし」(11節)です。イエスさまはこのことで、ご自分が神から遣わされた者であることを明らかになさったのです。この奇跡はイエスさまが、「清めに用いる石の水がめ」が象徴する旧約聖書の律法を、福音というこれまでとは全く違う「神に従う新しい道」に変えてくださることを示しているのかもしれません。

◆2章13〜22節　神殿から商人を追い出す

続いてイエスさまはエルサレムに上って行かれます。「ユダヤ人の過越祭が近づいた」(13節)からです。

先ほど(本書14ページ)、イスラエルの民がエジプトを脱出したときのことを少しお話ししましたね。このエジプト脱出成功の出来事を、イスラエルの民は自分たちに対する神の愛の結果であると捉え、この出来事を思い出す過越祭を、とても大事にしてきました。

ユダヤ人はパレスチナ以外の場所にも散らばって住んでいましたが、過越祭には遠い国に住む人々も長い旅をしてエルサレムの神殿に礼拝に来ました。イエスさまもほかの人々と同じように、神殿にお出でになりました（他の福音書ではイエスさまがエルサレムに行くのは最後の一回だけですが、ヨハネ福音書ではイエスさまは何度かエルサレムに行っています）。

イエスさまが神殿にお入りになると、境内は礼拝に来た人であふれていました。彼らは神殿で献金したり、ささげものを献げたりしますが、そのときに少し困ったことがありました。

それは自分たちがふだん使っているお金では献金できない、という決まりがあったことです。神殿への献金は決められた通貨でなければなりませんでした。そのために境内には両替商が店を出していました。またささげものにする動物も、律法で「傷のないもの」に限ると定められていました。特に遠方から来る人の場合、動物を伴って長旅をすればどうしても傷ができてしまうので、境内には、ささげもの用の牛や羊や鳩が買えるように商人が店を出していたのです。

これらの店は遠くから礼拝に来た人々にはありがたいものでしたが、売り手は人間です。扱っているお金や動物が手に入らないと困ることに付け込んで、自分の懐を肥やす者がたくさんいたのです。イエスさまはそういう人間の欲望にまみれた心を心底、悲しまれました。

別の福音書の同じ記事を読むと、「『わたしの家は、すべての国の人の　祈りの家と呼ばれるべきである。』ところが、あなたたちは　それを強盗の巣にしてしまった」（マルコ11・17）とのイエスさまの言葉が記されています。

そこで、イエスさまは神殿を「祈りの家」に戻すべく、立ち上がります。「イエスは縄で鞭《むち》を作り、羊や牛をすべて境内から追い出し、両替人の金をまき散らし、その台を倒し、鳩を売る者たちに言われた。『このような物はここから運び出せ。わたしの父の家を商売の家としてはならない』」（15〜16節）。

ここに書かれているのは、神殿の境内で商売をしていた商人たちのことですが、教会でのわたしたちの心のありようも問われているのではないでしょうか。わたしたちは礼拝堂に入って礼拝をしているとき、どんな心でいるでしょうか。主がその場にいらっしゃることをしっかり感じているでしょうか。心からの祈りをささげているでしょうか。主イエスはそれをわたしたちにも問うてくださっています。

しかしイエスさまのこの激しいお姿は、ユダヤ人たちの間で問題になります。ユダヤ人たちがイエスさまに、「あなたは、こんなことをするからには、どんなしるしをわたしたちに見せるつもりか」と問うと、イエスさまの答えはこうでした。「この神殿を壊してみよ。三日で建て直してみせる」（18～19節）。

実はこの神殿とは、イエスさまの体のことだと、21節に書かれています。イエスさまが十字架にかけられ、死に、三日目によみがえりになるということをおっしゃったのです。でもこのときには、まだ弟子たちも何のことかわかりませんでしたし、ましてイエスさまに敵意を持ったユダヤ人たちには全くわからなかったのは当然でした。

◆2章23～25節　イエスは人間の心を知っておられる

イエスさまのなさった「しるし」、つまり奇跡を見て、「多くの人がイエスの名を信じた」（23節）とあります。

イエスさまのなさったしるしは、ヨハネ福音書ではここまではカナの婚礼でのしるしだけです。しかしほかの福音書を読んでみると、イエスさまの宣教の初めには数々の癒やしの業があったことが記されています。ヨハネ福音書ではそのしるしを細かく挙げていないだけなのでしょう。

でも「イエス御自身は彼らを信用されなかった」（24節）のです。それは、「不思議な業では人々は本当の信仰に至らない。人間の心はもっと病んでいる」ということを、イエスさまがよく知っていらしたからです。

第3章

◆3章1～21節　イエスとニコデモ

ある夜、「ユダヤ人たちの議員」（1節）という指導的な立場に立つニコデモという人が、イエスさまを訪ねてきます。ユダヤ人の間でイエスさまへの反感が高まっていたので、ニコデモは人目を避けて夜にやってきたのです。それはイエスさまに教えをこうためでした。

このニコデモに、イエスさまが「はっきり言っておく。人は、新たに生まれなければ、神の国を見ることはできない」（3節）と語りました。ニコデモは驚いて答えます。「年をとった者が、どうして生まれることができましょう。もう一度母親の胎内に入って生まれることができるでしょうか」（4節）。ニコデモはイエスさまが何を言おうとしているか、さっぱりわかっていないのです。

そこでイエスさまは「はっきり言っておく。だれでも水と霊とによって生まれなければ、神の国に入ることはできない」（5節）とお答えになりました。「水と霊」というのは、洗礼を受けることを言っています。イエスさまのおっしゃる新生とは、洗礼を受けることなのです。そしてそれは霊的に全く別の人間にされるということなのですね。

さらにイエスさまは「風は思いのままに吹く。あなたはその音を聞いても、それがどこから来て、どこへ行くかを知らない。霊から生まれた者も皆そのとおりである」（8節）と言われますが、「風」は霊、聖霊を意味します。新たに生まれることは、わたしたち人間の知的な理解を超えた、聖霊の働きによって起こるということです。そして風がどこへ行くのかわからないように、聖霊によって新たに生まれた者にも、それ以前には予想もできなかったような、新しい人生の道が開けていくのです。

事実、聖霊によって信仰をいただき、洗礼を受けた人たちは、自分がどうして神の国を信じ、望みを持てるようになったのかがわかりません。気づかぬうちに信じられるようになっています。信仰に基づく生き方が、気づけば与えられています。それは本当に不思議な神の業です。

イエスさまは「わたしが地上のことを話しても信じないとすれば、天上のことを話したところで、どうして信じるだろう」（12節）ともおっしゃっています。わたしたちがイエスさまを信じてこの地上での新生を経なければ、天上のことがどうしてわかるだろうか、ということです。わたしたちは聖霊の働きによって信仰を与えられると、まだ見たことのない天の国のことも信じられるようになるのです。

新たに生まれた者は、十字架も信じられるようになります。「モーセが荒れ野で蛇を上げたように、人の子も上げられねばならない。それは、信じる者が皆、人の子によって永遠の命を得るためである」（14～15節）と言われます。「モーセが荒れ野で蛇を上げた」は民数記21章8～9節に記された、モーセが青銅で蛇を作り、旗ざおの先に掲げた出来事を踏まえています。

そのように「人の子も上げられる」とは、イエスさまが十字架に上げられ、さらに復活して天に上げられるという意味です。そのことによって、わたしたちは「永遠の命を得る」と言われているのです。

「永遠の命」とは何のことでしょう。これから何度も出てくるヨハネ福音書のキーワードのひとつです。一言で言えば、死を超えていつまでも神さまと一緒に幸せに生きるということだと思います。

続く、「神は、その独り子をお与えになったほどに、世を愛された。独り子を信じる者が一人も滅びないで、永遠の命を得るためである」（16節）はとても有名な御言葉ですね。この御言葉も、イエスさまを信じる者は、神から永遠の命をいただくのだと伝えています。

何より大切なのは新たに生まれて、イエスさまを信じることです。でも「光が世に来たのに、人々はその行いが悪いので、光よりも闇の方を好んだ。それが、もう裁きになっている。悪を行う者は皆、光を憎み、その行いが明るみに出されるのを恐れて、光の方に来ないからである」（19〜20節）と言われています。

神が最初にお造りになった人間であるアダムとイブは、食べてはいけないと神から言われていた木の実を食べたとき、神の目を逃れて隠れました（創世記3・8）。悪い行いをすると、人がますます闇の中に入ろうとするのは、ある程度の年齢に達している者には誰にも覚えがあることではないでしょうか。

「しかし、真理を行う者は光の方に来る。その行いが神に導かれてなされたということが、明らかになるために」（21節）。「真理を行う者」とは神の言葉を受け、それが示している歩みを始めた者です。その人々はますます光を求め、光に従おうとするというのですが、本当にそうだろうなと思えます。

パウロは「わたしはなんと惨めな人間なのでしょう。死に定められたこの体から、だれがわたしを救ってくれるでしょうか」（ローマ7・24）と嘆いていますが、そう嘆く人間にイエスさまは語りかけ、新生へと導き、光を与えます。わたしたちも神さまの側から差し出されている救いに導かれ、光の方に進んでいきましょう。

◆3章22〜30節　イエスと洗礼者ヨハネ

イエスさまはその後、ユダヤ地方に弟子たちと向かい、洗礼を授けていました（22節）。

他方、洗礼者ヨハネも「サリムの近くのアイノンで洗礼を授けて」（23節）いました。聖書巻末の地図を見てみると、アイノン、サリムはガリラヤ湖からヨルダン川に沿って二、三〇キロメートルほど南の西岸にある所ですね。1章28節ではヨハネの洗礼が「ヨルダン川の向こう側、ベタニアでの出来事であった」とあり、これはヨルダン川が死海に流れ込む入り口のあたりですから、ヨハネは大分北の方に上がってきていたことがわかります。

そのヨハネの弟子が、ヨハネにこう告げました。「ラビ、ヨルダン川の向こう側であなたと一緒にいた人、あなたが証しされたあの人が、洗礼を授けています。みんながあの人の方へ行っています」（26節）。

ヨハネの弟子たちは、自分たちの先生を差し置いて、人々がイエスの方へ、イエスの方へと流れていくことに何か悔しさを感じていたようです。そのいらだちを先生のヨハネにぶつけたのでしょう。

ヨハネの答えはこうでした。「わたしは、『自分はメシアではない』と言い、『自分はあの方の前に遣わされた者だ』と言ったが、そのことについては、あなたたち自身が証ししてくれる」（28節）。ヨハネは弟子たちに、自分がメシアを指し示す者だと言った（1・23）ことを、今度はあなたがたが証ししてくれる番なのだよと、ヨハネの心からの願いを弟子たちに託したのです。

その詰めの言葉が、「花嫁を迎えるのは花婿《はなむこ》だ。花婿の介添え人はそばに立って耳を傾け、花婿の声が聞こえると大いに喜ぶ。だから、わたしは喜びで満たされている」（29節）です。花婿はイエスさま、自分はその介添え人にすぎないのだとヨハネは言っています。介添え人の役割は、花婿イエスさまが、花嫁である神の民のもとを訪れる準備をすることです。

花婿が実際に来てくださったら、介添え人の仕事は終わり、去っていきます。だからヨハネは「あの方は栄え、わたしは衰えねばならない」（30節）と言います。

このヨハネの言葉を読んで、わたしは、ヨハネという人はやはり、神が特別に用意された優れた人物だったのだなと思いました。本当に自分を知っている人だったし、本物がわかる人だったのだなと。イエスさまが来てくださったことを心から喜べる人は幸いです。

◆3章31〜36節　天から来られる方

イエスさまは「上から来られる方」（31節）です。「この方は、見たこと、聞いたことを証しされるが、だれもその証しを受け入れない」（32節）のです。わたしたちが、イエスさまを救い主キリストだと受け取れないのは、わたしたちが地上のものだからです。

けれどもイエスさまを受け入れる人も出てきます。「その証しを受け入れる者は、神が真実であることを確認したことになる」（33節）のです。「受け入れる」ことこそが信仰なのですね。イエスさまが証ししてくださる内容は、わたしたちが持っている知識で理解することはできません。わたしたちができるのは、差し出されたものを受け入れるだけです。これはとても大事なことですからよく心に留めましょう。そして、それを受け入れたとき、神は間違っておられない、真実な方だとわかるのです。

こうしてイエスさまを信じた者は「永遠の命を得ている」（36節）とあります。主イエスを信じる人はまさに今、「永遠の命」、すなわち神がお持ちの命を受けているということです。何とありがたいことでしょうか。大変な恵みです。

反対に、「御子に従わない者は、命にあずかることがないばかりか、神の怒りがその上にとどまる」と言われます。信じない者は罪に捕らわれたままに置かれるということだと、わたしは読み取りました。闇の中に住み続けるのです。これが神の裁きです。

第4章

◆4章1～42節　イエスとサマリアの女

3章26節でヨハネの弟子たちが「みんながあの人の方へ行っています」とヨハネに訴えていましたが、「イエスがヨハネよりも多くの弟子をつくり、洗礼を授けておられるということが、ファリサイ派の人々の耳に入った」（1節）のです。イエスの評判が高まることに、熱心なユダヤ教徒たちがある種の危機感を持ったことは明らかです。

このことを耳にされたイエスさまは、摩擦を避けるためでしょうか、ユダヤを後にして、ガリラヤに向かいます。その旅路の途中で「サマリアを通らねばならなかった」（4節）と聖書にわざわざ書いてあるのには、それなりのわけがありました。

列王記下の17章に書いてあるように、イスラエルの王たちは「主の目に悪とされること」を繰り返したため、当時イスラエルの中心だったサマリアがアッシリアに滅ぼされました。紀元前八世紀の話です。イスラエルの人々がアッシリアに連れて行かれ、代わりによその国の民族が入って来ます。やがて彼らが元々サマリアにいた人々と結婚したので、イエスさまの時代には、ユダヤの人々はサマリアの人を嫌い、交わりを避けるようになっていました。

そのため、ユダヤ人たちが旅する際には、サマリアを避けて通るのが一般的でした。そういう中で、イエスさまが「サマリアを通らねばならなかった」というのは、ここに出会わねばならない人がいたからです。

そのサマリアのシカルという町に、イエスさまがやってきます。歩き疲れたイエスさまが、井戸の脇に座っていると、ちょうどお昼どきに一人の女性が井戸の水をくみに来ました。通常は昼間の暑い時間を避けて、井戸の水をくみに来ます。ところがこの女性は一人で、お昼どきに水くみに来たのです。あまり人に会いたくない事情のある人だったのではないかと思われます。

この女性に、イエスさまは「水を飲ませてください」（7節）とおっしゃいました。女性は不思議そうに答えます。「ユダヤ人のあなたがサマリアの女のわたしに、どうして水を飲ませてほしいと頼むのですか」（9節）。サマリア人は嫌われ者であるのに、なぜわたしなんかに頼むのですか、ということです。それに対するイエスさまの答えは思いがけないものでした。「もしあなたが、神の賜物を知っており、また、『水を飲ませてください』と言ったのがだれであるか知っていたならば、あなたの方からその人に頼み、その人はあなたに生きた水を与えたことであろう」（10節）。

どういうことでしょう？　水を飲ませてくださいと言っていたはずのイエスさまが、「生きた水」を与えてくださると言っています。

当然、不思議に思った女性は、「主よ、あなたはくむ物をお持ちでないし、井戸は深いのです。どこからその生きた水を手にお入れになるのですか」（11節）。どうも話が通じていません。

そこにイエスさまの決定的な答えが届きます。「この水を飲む者はだれでもまた渇く。しかし、わたしが与える水を飲む者は決して渇かない。わたしが与える水はその人の内で泉となり、永遠の命に至る水がわき出る」（13〜14節）。

イエスさまのおっしゃる「わたしが与える水」は、この井戸水のような水ではありません。イエスさまの水は飲んでもいずれまた渇くような水とは違って、その人の中で泉のように、後から後から限りなく湧き出る水なのです。それによって永遠の命、神の命をいただける、そういう水ですとおっしゃるのです。

女はそれがどんな水か、わかったのでしょうか。わからなかったかもしれません。それでも女性はイエスさまにお願いしました。「主よ、渇くことがないように、また、ここにくみに来なくてもいいように、その水をください」（15節）。

これがとても大切です。わたしたちはすべてがわかってから、初めて信じられるのではありません。信じて受け入れてから、少しずつわかるようになるのです。

するとイエスさまは、まるで食い違ったようなことを突然口にします。「行って、あなたの夫をここに呼んで来なさい」（16節）と。この16節から26節がひとまとまりになっています。

イエスさまはまず、女性にかつて五人の夫がいて、今また別の人と連れ添っていることを明らかにします（18節）。先ほど、真昼に水をくみに来るのはそもそも何か事情があるのだろうと言いましたが、この彼女の過去に関係しているのでしょう。

続いてイエスさまは「婦人よ、わたしを信じなさい」（21節）とこの女性を信仰に導きます。サマリアの人たちはサマリアの山で礼拝していましたが、それを踏まえてイエスさまがおっしゃいます。「あなたがたは知らないものを礼拝しているが、わたしたちは知っているものを礼拝している。救いはユダヤ人から来るからだ」（22節）。

まことの神はただお一人。ユダヤ人が神としている聖書の神は、天地あらゆるものの創造主である神なのです。この神によって人々は救われます。神がお救いになりたいのは、全人類なのですが、手始めにユダヤ人から救いの業をお始めになっていたのです。

「しかし、まことの礼拝をする者たちが、霊と真理をもって父を礼拝する時が来る。今がその時である。なぜなら、父はこのように礼拝する者を求めておられるからだ。神は霊である。だから、神を礼拝する者は、霊と真理をもって礼拝しなければならない」（23〜24節）

さあ、神を父と呼んで礼拝する「まことの礼拝」が始まります。神は、このように本当の礼拝をする者を待っていらっしゃるのです。

では、「まことの礼拝」とはどういうものなのでしょう。霊にいます神を礼拝するのですから、わたしたちも「霊と真理をもって」礼拝しなければいけません。礼拝の場所はどこでもいいのです。ただ礼拝は、神さまの霊と礼拝する者の霊とが響き合うものでなければなりません。

わたしは一九四五年、敗戦の年のクリスマス、母教会で野外礼拝をしたことを覚えています。寒い日でした。教会堂は米軍の空襲を受けてすっかり焼け落ちていました。礼拝堂が二階にあったので、そこに上っていく階段だけが焼け残っていて、集まったわずかな人々がその階段に腰かけての礼拝でした。たった十六歳でしたが、教会は建物ではないということを思い知らされた礼拝でした。

オルガンもありません。説教台ももちろんありません。でもそこにイエスさまが現臨されていることを感じました。凍えるほど寒かったはずですが、その寒さの記憶はありません。「礼拝できた」って思いました。すばらしいクリスマスでした。

合唱や合奏をしたことのある人ならわかると思います。相手の音に耳を澄ませ、それに響き合う音をこちらも出さなければ、美しいハーモニーは生み出されません。礼拝もそれと同じです。神の霊が語る言葉をわたしたちもそれに響き合う霊によって受け止め、賛美をささげるのです。

「水を飲ませてください」というひとことから、命の水につながり、そしてまことの礼拝へとわたしたちを導いてくださったイエスさまの教えは、誰もまねできませんね。サマリアの女性は、このお話に心打たれました。

女性はきっとイエスさまの言葉に、古くから待望されてきたメシアを思い出したのでしょう。「キリストと呼ばれるメシアが来られることは知っています」（25節）と彼女が言うと、イエスさまは「それは、あなたと話をしているこのわたしである」（26節）とおっしゃったのでした。女性は本当にびっくりしたでしょう。

するとそこに弟子たちが帰ってきます。この27節から42節が、新しいまとまりになります。

女性は、水がめをそこに置いたまま町に行きます。そして人々に伝えました。「さあ、見に来てください。わたしが行ったことをすべて、言い当てた人がいます。もしかしたら、この方がメシアかもしれません」（29節）。「さあ、見に来てください」。フィリポがナタナエルに「来て、見なさい」（1・46）と言ったことが再び思い出されます。「来て、見なさい」は、伝道の要《かなめ》です。

他方、帰ってきた弟子たちはどうしたかというと、イエスさまに「ラビ、食事をどうぞ」（31節）と勧めます。しかしイエスさまは「わたしの食べ物とは、わたしをお遣わしになった方の御心を行い、その業を成し遂げることである」（34節）とおっしゃるのです。

サマリアの女性の心に「生きた水」を求める気持ちを与えたこと、これこそが自分の食べ物だということです。イエスさまは、この世で自分に託された使命を実行することに徹していらっしゃいました。この世に神の御言葉を伝えること、これこそイエスさまの食べ物、生きる力だったのですね。

そして弟子たちをこの使命に招きます。「あなたがたが自分では労苦しなかったものを刈り入れるために、わたしはあなたがたを遣わした。他の人々が労苦し、あなたがたはその労苦の実りにあずかっている」（38節）。

教会で受洗者が出ると皆で喜びますが、考えてみると、それは自分が労苦しなかったものを刈り取った喜びですね。他でもないイエスさまがその人を教会へと招いてくださったのです。伝道の主はイエスさまであり、わたしたちはその「労苦の実り」にあずからせていただくのです。

39節以下には、「さあ、見に来てください」という女性の招きによって、町の多くのサマリア人がイエスさまを信じたことが記されています。この女性はイエスさまに招かれて、そして今度は他の人たちをイエスさまへと招く者になりました。「わたしに従いなさい」と招かれたフィリポが、「来て、見なさい」とナタナエルを招いたのと同じですね（1・43、46）。

◆4章43～54節　役人の息子をいやす

故郷ガリラヤへお帰りになったイエスさまは「預言者は自分の故郷では敬われないものだ」（44節）と言われました。しかし続く45節には「ガリラヤにお着きになると、ガリラヤの人たちはイエスを歓迎した」とあります。いったいどういうことでしょうか。続けて「彼らも祭りに行ったので、そのときエルサレムでイエスがなさったことをすべて、見ていたからである」とあることから考えると、イエスさまの奇跡を見てイエスさまを信じたけれど、それは表面的な信仰にすぎなかったということかもしれません。

しかしそういう中に、真実の信仰を持つ人が描かれます。カファルナウムにいた王の役人です。彼の息子は病気でした。「この人は、イエスがユダヤからガリラヤに来られたと聞き、イエスのもとに行き、カファルナウムまで下って来て息子をいやしてくださるように頼んだ。息子が死にかかっていたからである」（47節）。

イエスさまは役人に、「あなたがたは、しるしや不思議な業を見なければ、決して信じない」（48節）と言われます。人々がイエスさまと深い交わりを持つことなく、ただ自分たちのためにイエスさまを利用しようとする態度を戒められたのでしょう。先のガリラヤの人々への批判にもつながっています。

しかし役人は息子のことを思うと、いても立ってもいられなかったのです。「主よ、子供が死なないうちに、おいでください」（49節）とイエスさまにすがるように言います。するとイエスさまは「帰りなさい。あなたの息子は生きる」（50節）とただひとこと。役人はその「言葉を信じて」帰りました。

するとその帰路の途中で僕《しもべ》たちが迎えに来て、イエスさまが「あなたの息子は生きる」と言われたのとちょうど同じ時刻に、息子の熱が下がり、命が助かったことを知らされました。「そして、彼もその家族もこぞって信じた」（53節）と聖書は記します。

役人はイエスさまの「言葉」を「信じた」のです。この「言葉を信じる」が、この箇所の一番大事な点だとわたしは受け取りました。

第5章

◆5章1～18節　ベトザタの池で病人をいやす

「その後、ユダヤ人の祭りがあったので、イエスはエルサレムに上られた」（1節）と始まります。

ユダヤの三大祭りは過越祭、五旬祭、仮庵《かりいお》祭です。ここでの「祭り」が何であるかはわかりませんが、いずれにしても大きな祭りで、たくさんのユダヤ人が各地から、礼拝のため神殿のあるエルサレムに集まって来ていました。その中にイエスさまもいらしたのです。

その神殿に入る北側の羊の門の手前に、ベトザタと呼ばれる池があり、その池を囲んで廊下がぐるりとありました。その回廊に「病気の人、目の見えない人、足の不自由な人、体の麻痺した人などが、大勢横たわっていた」（3節）のです。

なぜこんなに体の悪い人たちが集まっていたのかというと、池の水が動くときに池の中に体を浸すと、病気が治るという言い伝えがあったためです。この池では、時折水が吹き出したのかもしれません。

そこに「三十八年も病気で苦しんでいる人」（5節）がいました。いつ水面が動くかと目をこらして待っていたのでしょう。しかしいつも、他の人が先に水に入ってしまうのです。そして長い年月が経過してしまいました。

イエスさまが「良くなりたいか」（6節）と問うと、その人は、「水が動くとき、わたしを池の中に入れてくれる人がいないのです」（7節）と訴えました。この人は、自分が誰からも顧みられないことが悲しかったのです。人間は孤独が一番辛いのです。現代でも孤独を抱えて、部屋に閉じこもったきり、他の人との交わりを絶ってしまった人がたくさんいます。しかしその孤独な人のところにイエスさまが来てくださいます。

イエスさまはその人におっしゃいました。「起き上がりなさい。床《とこ》を担いで歩きなさい」（8節）。すると、なんとその人はすぐに回復して、床を担いで歩きだしました。

イエスさまはこの人の苦しみの大元をしっかり見抜かれたのです。この人はもう孤独ではありません。短いやり取りの中で、自分は見捨てられていなかった、そう思ったでしょう。イエスさまはこの人の友となってくださいました。


ところが、この出来事を知ったユダヤ人は、癒やしを喜ぶどころか、この日が安息日であることを問題にし始めます（10節）。安息日には何の仕事もしてはならないと、律法には書いてあるからです。そこでユダヤ人たちは、たとえ喜ばしい癒やしの働きであっても、それが安息日になされたならば、罪を犯したことになると考えたのです。そこで「お前に『床を担いで歩きなさい』と言ったのはだれだ」と、癒やされた人を問いただしました（12節）。

この人は、初め、自分を癒やしてくださったのが誰かわかりませんでした。でも後から（15節）、それがイエスさまであることを知ります。それをユダヤ人に伝えると、彼らはイエスさまを迫害し始めました。

彼らに対してイエスさまは毅然とした態度で、「わたしの父は今もなお働いておられる。だから、わたしも働くのだ」（17節）と宣言します。イエスさまが安息日に働いたばかりか、神さまを「わたしの父」と呼び、自分を神に等しいものだとしたことで、ユダヤ人たちはますます怒りだし、イエスさまを殺そうとねらうようになりました（18節）。

◆5章19～30節　御子の権威

ご自分を殺そうとねらうユダヤ人に対して、イエスさまはおっしゃいました。「はっきり言っておく。子は、父のなさることを見なければ、自分からは何事もできない。父がなさることはなんでも、子もそのとおりにする」（19節）。わたしは自分の思いから行動しているのではなく、神の思いに従って行動しているのだと、イエスさまは告げました。つまり安息日の癒やしも、自分勝手に行ったことではないということですね。

「父は子を愛して、御自分のなさることをすべて子に示される」（20節）とも言われています。父なる神さまと子なるイエスさまが一体であるということは、ヨハネ福音書が繰り返し強調することなので、しっかり覚えておきましょう。

そして、だからこそ、「わたしの言葉を聞いて、わたしをお遣わしになった方を信じる者は、永遠の命を得、また、裁かれることなく、死から命へと移っている」（24節）と言われています。イエスさまの言動を通して、神さまを信じられた人は、「永遠の命」、つまり神がお持ちの命と同じ、滅びることのない命をいただいているというのです。

そして「はっきり言っておく。死んだ者が神の子の声を聞く時が来る。今やその時である。その声を聞いた者は生きる」（25節）と、イエスさまはおっしゃいます。「死んだ者」とは、ひとつには霊的に死んだ者ということです。神さまから離れて死んだようになっていた者が、イエスさまを通して命をいただくことができます。

さらに28節には「墓の中にいる者」のことも出てきます。彼らは肉体において死んだ者ですね。「驚いてはならない。時が来ると、墓の中にいる者は皆、人の子の声を聞き、善を行った者は復活して命を受けるために、悪を行った者は復活して裁きを受けるために出て来るのだ」（28～29節）。

使徒信条の中に「生ける者と死ねる者とを審《さば》きたまはん」とあるのを思い出します。「時が来ると」、生きている者だけでなく、肉体において死んだ者も神の前に立ち、ある者は救われ、ある者は裁きを受けるのです。

イエスさまは最後に、「わたしは自分では何もできない。

ただ、父から聞くままに裁く。わたしの裁きは正しい。わたしは自分の意志ではなく、わたしをお遣わしになった方の御心を行おうとするからである」（30節）と、もう一度、ご自分がなさることはすべて、父なる神さまから託されたものであることを明言して終わります。

◆5章31〜47節　イエスについての証し

ここではイエスさまが何者であるかが書かれています。「もし、わたしが自分自身について証しをするなら、その証しは真実ではない」（31節）と始まります。例えば裁判において、自分で自分について証言してもそれは有効な証言とは認められませんね。

でも安心してください。イエスさまについて証しをなさる方は、ちゃんと「別におられる」（32節）とイエスさまはおっしゃいます。

それは誰なのでしょう。イエスさまのことを指し示すために来た洗礼者ヨハネのことでしょうか。確かにヨハネはイエスさまを証ししました。「しかし、わたしにはヨハネの証しにまさる証しがある。父がわたしに成し遂げるようにお与えになった業、つまり、わたしが行っている業そのものが、父がわたしをお遣わしになったことを証ししている」（36節）とおっしゃるのです。

ヨハネはすばらしい証し人であった。でもそれに勝る証しがあるのだ。それは何か。わたしがする業なのだと。父である神がわたしにするようにお託しになった業そのものが、わたしを証ししている。そうおっしゃるのです。

この福音書では、2章の初めに「カナの婚礼のしるし」がありました。そして4章46節以下で「役人の息子を癒やす」ことをなさいました。さらに5章では「ベトザタの池で病人を癒やす」ことをお見せになりました。このような業の一つ一つが「父がわたしに成し遂げるようにお与えになった業」であり、イエスさまが何者かを証ししているのだとおっしゃるのです。

さらにこう続けます。「また、わたしをお遣わしになった父が、わたしについて証しをしてくださる」（37節）。そうです、父なる神さまがイエスさまのことを証ししてくださっています。では神さまの証しをわたしたちはどこで聞くことができるのか、といえば、それは聖書の中です。

問題は聖書を正しく読めているか、聴けているかですね。イエスさまは、はっきりとこうおっしゃいます。「あなたたちは聖書の中に永遠の命があると考えて、聖書を研究している。ところが、聖書はわたしについて証しをするものだ。それなのに、あなたたちは、命を得るためにわたしのところへ来ようとしない」（39～40節）。

辞書を引くと「研究」は「知的活動」のことだと書いてあります。つまり、あなたがたは聖書を頭で読んでいるでしょ、とおっしゃっているのです。鋭い指摘です。知的な探究は大事ですが、それだけでは聖書はわからないと思います。心で聖書と向き合って初めて、聖書はイエスさまが何者であるかを証ししている書物であることが次第にわかってきます。その証しによると、イエスさまとは「永遠の命」をわたしたちにくださる方なのです。それがわかった人は、止められても、それを振りほどいて、イエスさまの方に行こうとするでしょう。

それなのに、なぜあなたたちは、わたしを拒むのか、とイエスさまは悲しみ、嘆いているのですね。ここで念頭にあるのは、旧約聖書に精通しているはずのユダヤ人たちです。だからイエスさまは、こう告げています。

「わたしが父にあなたたちを訴えるなどと、考えてはならない。あなたたちを訴えるのは、あなたたちが頼りにしているモーセなのだ。あなたたちは、モーセを信じたのであれば、わたしをも信じたはずだ。モーセは、わたしについて書いているからである。しかし、モーセの書いたことを信じないのであれば、どうしてわたしが語ることを信じることができようか」（45～47節）

モーセの書いたものとは旧約聖書のことです。その旧約聖書がイエスさまを証ししているのです。それなのに、どうしてわたしを信じないのか、とイエスさまは嘆いています。

第6章

1～15節	五千人に食べ物を与える
16～21節	湖の上を歩く
22～59節	イエスは命のパン
60～71節	永遠の命の言葉

◆6章1～15節　五千人に食べ物を与える

一人の少年が持っていた大麦パン五つと二匹の魚というわずかな食べ物で、イエスさまが五千人もの人々を養われたという記録です。ヨハネ福音書では、カナの婚礼でのしるし（2章）、役人の息子の癒やし（4章）、ベトザタの池での病人の癒やし（5章）に続く、四つ目の神の業です。

「その後、イエスはガリラヤ湖、すなわちティベリアス湖の向こう岸に渡られた」（1節）と始まります。渡られた所がどのあたりかはわかりません。マタイ14章、マルコ6章、ルカ9章にも同じ出来事が記録されており、ルカ福音書はそこがベトサイダだと書いています。ベトサイダはガリラヤ湖の北端にある町で、ペトロ、アンデレ、フィリポの故郷でした（ヨハネ1・44）。

そのころ、イエスさまの評判が高まり大勢の人が詰めかけていました。イエスさまたちは静かなところを求めて湖を渡ったのですが、そこにもたくさんの人々が押しかけてきました。「過越祭が近づいていた」（4節）とあります。

出エジプト記に記された過越の救いと、今からイエスさまが行う出来事を重ねて伝えようとしているのかもしれません。

群衆がやってくるのを見たイエスさまはフィリポにおっしゃいました。「この人たちに食べさせるには、どこでパンを買えばよいだろうか」（5節）。イエスさまはそう言って、フィリポを試みようとなさったのです。

これに対してフィリポは、「めいめいが少しずつ食べるためにも、二百デナリオン分のパンでは足りないでしょう」（7節）と答えます。一デナリオンは一日分の賃金です。仮に一万円とすれば、二百万円。ひとり四百円分のパンを、五千人分というような計算でしょうか。周りにはお店もなく、そんなパンを用意するなんて、とても無理です、とフィリポは考えたのでしょう。

ヨハネにはありませんが、マタイ、マルコ、ルカでは、この場面の直前に、弟子たちが福音伝道に派遣されたことが書いてあります。そのとき、伝道は自分たちの力によるものではなく、主が共におられるからこそ実りが与えられることを知ったはずです。それを思い出したなら、フィリポの答えは変わっていたかもしれません。

ここを読んでわたしたちは、今自分が通っている教会を思い浮かべるとよいのかもしれません。イエスさまはわたしたちに対しても、それぞれの教会に救いを求めて集まってくる人々に、「あなたはどう対応するか」と尋ねているのではないでしょうか。

マルコ福音書の終わりに、イエスさまが復活なさった後のことが記されています。「弟子たちは出かけて行って、至るところで宣教した。主は彼らと共に働き、彼らの語る言葉が真実であることを、それに伴うしるしによってはっきりとお示しになった」（16・20）とあるように、「主は彼らと共に働き」なのです。伝道・牧会は、共に働くイエスさまがいらしてこそできることです。

フィリポは「どこでパンを買えばよいだろうか」とイエスさまに聞かれ、これは全部自分たちがしなければならないものと思い込んだのでしょう。でも何より大事なことは、イエスさまはいつもわたしたちに寄り添っていてくださる方、「インマヌエル」（マタイ1・23）だということです。

物語はさらに続きます。弟子の一人アンデレがイエスさまに言いました。「ここに大麦のパン五つと魚二匹とを持っている少年がいます。けれども、こんなに大勢の人では、何の役にも立たないでしょう」（９節）。アンデレもやっぱり、とても無理と考えます。自力でやろうとすれば、そのとおりです。この群衆に満足な食事を与えるなんて、人間にはとうていできないことです。

しかし、そこにはイエスさまがおられます。イエスさまは草の上に群衆を座らせます。男性だけで五千人もいました。そしてイエスさまは、少年が持っているパンと魚を、感謝の祈りを唱えて分け与えました。すると、なんとそこにいた皆が満腹になったというのです。

教会には様々な課題が与えられます。自分たちには手におえないことも、いくらでも起こります。そう豊かではない教会財政で、何ができるだろうか。そのときわたしたちは、すぐにあきらめず、祈りを篤《あつ》くし、主の助けを求めてことに当たるのを忘れてはならないと教えられます。

「人々はイエスのなさったしるしを見て、『まさにこの人こそ、世に来られる預言者である』と言った。イエスは、人々が来て、自分を王にするために連れて行こうとしているのを知り、ひとりでまた山に退かれた」（14～15節）

４章でイエスさまが役人の息子を癒やした際、「あなたがたは、しるしや不思議な業を見なければ、決して信じない」（４・48）と嘆かれました。今回も人々は自分たちが豊かに養われたことに大喜びし、イエスさまに王になってもらいたいと、自分たちの利を求めるのに汲々《きゅうきゅう》としています。その反応を見て、イエスさまは静かに山に退かれたのです。この不思議な業の結果が、サタンの働く場所になったのではと苦しまれ、神の助けをお祈りになったのだと思います。

◆6章16～21節　湖の上を歩く

イエスさまが山に退かれた一方、弟子たちは、一足先に、ガリラヤ湖の向こう岸カファルナウムに向かって舟を出しました。もう暗くなり始めていたので、先を急いだのでしょうか。しかしまもなく「強い風が吹いて、湖は荒れ始めた」（18節）のです。

丘で囲まれたガリラヤ湖は、しばしば強風に見舞われるそうです。ビル風のようなものでしょう。弟子たちの中にはこの湖で魚をとる仕事をしていた者もいましたから、これはまずいぞと思い、怖くなったに違いありません。帆も下ろし、櫂《かい》（オール）で漕ぐのですが、舟が大きく傾《かし》ぐので、これも結構難しかったようです。

「二十五ないし三十スタディオンばかり漕ぎ出したころ」（19節）、つまり岸から四、五キロほど沖に出たところで、なんと、イエスさまが湖の上を歩いて舟に近づいて来られました。弟子たちはその姿を恐れました。幽霊かと思ったのです。その弟子たちにイエスさまは一言、「わたしだ。恐れることはない」（20節）とおっしゃいました。

この「わたしだ」は、イエスさまが神であることを明らかにした言葉です、出エジプト記で神さまがモーセに対してご自分の名前を「わたしはある。わたしはあるという者だ」（3・14）と告げる場面があります。この「わたしはある」と、ヨハネ福音書の「わたしだ」は同じ言葉です。

恐れている弟子たちに、イエスさまは「神であるわたしがここにいるぞ。恐れるな」と伝えたのです。こんなに心強い言葉はありません。

ですから、弟子たちは「イエスを舟に迎え入れようとした。すると間もなく、舟は目指す地に着いた」（21節）。なんと安らかな響きがたたえられている言葉でしょうか。

教会は様々な困難にぶつかります。一体自分たちの手でどのようにこの教会を守っていけばよいだろう。そういう場面が、長い教会の歴史の中で、何度も起こったでしょうし、これからも起こるでしょう。そのとき、教会は祈りの中でこの「わたしだ。恐れることはない」という言葉を聞いて、教会と共に歩いてくださるイエスさまを覚えるならば、落ち着いてことに当たることができます。

◆6章22～59節　イエスは命のパン

五千人もの人々が満腹になった日の翌日のことです。イエスさまを追いかけて、群衆もカファルナウムへとやってきます。彼らにイエスさまがおっしゃいます。

「はっきり言っておく。あなたがたがわたしを捜しているのは、しるしを見たからではなく、パンを食べて満腹したからだ。朽ちる食べ物のためではなく、いつまでもなく

ならないで、永遠の命に至る食べ物のために働きなさい」（26～27節）

「食べればなくなってしまうような食べ物」を求めるのではなく、「神の命をいただけるような食べ物」を求めなさいとおっしゃったイエスさまに、ではそのために何をしたらよいですか、と群衆が問い返します。それが「神の業を行うためには、何をしたらよいでしょうか」（28節）です。これに対するイエスさまの答えは、「神がお遣わしになった者を信じること、それが神の業である」（29節）。つまりわたしたちは、神さまが遣わしてくださったイエスさまを信じることによってのみ、永遠の命をいただくのです。

それを聞いて群衆は、旧約聖書に描かれた荒野の旅で神さまがマナという特別の食べ物を与えてくださったように（出エジプト記16章）、わたしたちにも特別の「しるし」を行ってください、とイエスさまに頼みます。そうすればあなたを信じますと。

イエスさまは言います。「神のパンは、天から降《くだ》って来て、世に命を与えるものである」（33節）。人々は口々に「主よ、そのパンをいつもわたしたちにください」（34節）と言うのですが、そこでイエスさまは重ねておっしゃいました。

「わたしが命のパンである。わたしのもとに来る者は決して飢えることがなく、わたしを信じる者は決して渇くことがない。しかし、前にも言ったように、あなたがたはわたしを見ているのに、信じない」（35～36節）

もうイエスさまが来てくださっています。そのこと自体が「しるし」です。あとはそれを信じるかどうかです。それを信じて、イエスさまのほうに行くかどうかです。

イエスさまが来てくださったのは、イエスさまを遣わした父なる神さまの御心を行うためです。「わたしをお遣わしになった方の御心とは、わたしに与えてくださった人を一人も失わないで、終わりの日に復活させることである。わたしの父の御心は、子を見て信じる者が皆永遠の命を得ることであり、わたしがその人を終わりの日に復活させることだからである」（39～40節）。だからこそ、イエスさまはわたしたちを、ご自分のもとへと懸命に呼び寄せてくださっています。

ここまで「群衆」と記されていた人々が、41節から「ユダヤ人」に変わります。イエスさまの言葉を聞いたユダヤ人たちがつぶやき始めるのです。「これはヨセフの息子のイエスではないか。我々はその父も母も知っている。どうして今、『わたしは天から降って来た』などと言うのか」（42節）。彼らはイエスさまの家のことをよく知っていました。だからヨセフやマリアの子イエスが神であるとは信じられなかったのも、無理はないかもしれません。

それに対して、イエスさまは言いました。「つぶやき合うのはやめなさい。わたしをお遣わしになった父が引き寄せてくださらなければ、だれもわたしのもとへ来ることはできない。わたしはその人を終わりの日に復活させる」（43～44節）。

人の知恵では、イエスさまが神であることは理解できません。ただ父なる神さまだけが、わたしたちにイエスさまのことを教えてくださいます。神さまがわたしたちに信仰を与えてくださるのです。その上でイエスさまはもう一度、「わたしは命のパンである」（48節）と繰り返します。

でもこういうイエスさまの言葉を、ユダヤ人たちはなかなか受け止められませんでした。イエスさまがパンであるなら、それを食べるとはどういうことか。「どうしてこの人は自分の肉を我々に食べさせることができるのか」（52節）などと的外れの議論を始めました。彼らは人間の常識にしばられていて、それから離れることができなかったのです。これは他人《ひと》ごとではなく、わたしたちの問題です。

最後にイエスさまがおっしゃいました。「はっきり言っておく。人の子の肉を食べ、その血を飲まなければ、あなたたちの内に命はない。わたしの肉を食べ、わたしの血を飲む者は、永遠の命を得、わたしはその人を終わりの日に復活させる。……わたしの肉を食べ、わたしの血を飲む者は、いつもわたしの内におり、わたしもまたいつもその人の内にいる」（53～56節）。

当時のユダヤ人は何のことかよくわからなかったでしょうが、今のわたしたちは教会でささげられる「聖餐」を思い出すことができます。聖餐を通して、イエスさまを「食べ、飲む」とは、イエスさまをすっかり受け入れることです。イエスさまがわたしたちの罪の赦しのために十字架で死なれたことを、神の恵みとしてまるごと受け入れることです。そのとき、わたしたちは永遠の命をいただくのです。

◆6章60〜71節　永遠の命の言葉

「ところで、弟子たちの多くの者はこれを聞いて言った。『実にひどい話だ。だれが、こんな話を聞いていられようか』」（60節）。イエスさまを慕ってついてきた人々の中にも、この言葉を信じられない者がたくさんいました。

イエスさまは、その様子に気づいておっしゃいました。「あなたがたはこのことにつまずくのか。それでは、人の子がもといた所に上るのを見るならば……」（62節）。イエスさまが命のパンであると認められないならば、まして、十字架も復活も昇天も認められないだろう、とイエスさまは予測しているのです。

「命を与えるのは〝霊〟である。肉は何の役にも立たない」（63節）とは、自分の知恵や常識で、「イエスさまが天からのパン」と信じることはできないということですね。

日本では伝道がなかなか進まないとよく言われます。戦国時代にキリスト教が伝わり、禁教を経て、明治以降、無数の人々がキリスト教に触れましたが、本当に信じるに至った人は多くはなかったように思います。それは聖書を知識として受け取ろうとしたからでしょう。せっかく聖書に触れてもそれを頭だけで理解しようとすると、ここに描かれた弟子たちのようにつまずいてしまうのです。

「このために、弟子たちの多くが離れ去り、もはやイエスと共に歩まなくなった」（66節）。それを見たイエスさまが十二人の弟子たちに問います。「あなたがたも離れて行きたいか」。するとシモン・ペトロが答えます。「主よ、わたしたちはだれのところへ行きましょうか。あなたは永遠の命の言葉を持っておられます。あなたこそ神の聖者であると、わたしたちは信じ、また知っています」（68〜69節）。

幸い十二人の弟子たちは、イエスさまを永遠の命の言葉を持つ方と信じることができていたようです。ただ、その中の一人、イスカリオテのユダは、残念ながらイエスさまを裏切ってしまうことになります（71節）。

イエスさまが選ばれた十二人の弟子の中から裏切り者が出るというのは、とても不思議です。けれどもわたしは、これも神のご計画の一つだったと思っています。

第7章

◆7章1～9節　イエスの兄弟たちの不信仰

ユダヤ人がイエスさまを殺そうと狙っています。そこでイエスさまはしばらくユダヤを離れ、北部のガリラヤを回ることになさいます（1節）。

秋の収穫祭である仮庵《かりいお》祭が近づいた時分でした。この祭りのためにユダヤ人は方々からエルサレムに集まります。そこでイエスさまの兄弟は、イエスさまに「あなたのしている業を弟子たちにも見せてやりなさい」（3節）と言います。

兄弟たちは、イエスさまの名が広く知られたことを多少自慢したい気分になっていたのでしょうか。こそこそしないで、しっかりと自分の業をみんなに見せてやりなさい。そう言ったのです。そこで、イエスさまは言われました。

「わたしの時はまだ来ていない。しかし、あなたがたの時はいつも備えられている」（6節）。わたしは今はガリラヤに留まります。そう言ってイエスさまは、兄弟たちと一緒にエルサレムに上ろうとはされませんでした。身内からも理解されなかった主イエス。人間的には孤独でした。

◆7章10～24節　仮庵祭でのイエス

「しかし、兄弟たちが祭りに上って行ったとき、イエス御自身も、人目を避け、隠れるようにして上って行かれた」(10節)。自分はエルサレムには行かないと言ったはずのイエスさまですが、人目を避けてエルサレムに向かいます。そして「祭りも既に半ばになったころ、イエスは神殿の境内に上って行って、教え始められた」(14節)のです。

その教えに驚いたユダヤ人たちに、イエスさまが言われます。「わたしの教えは、自分の教えではなく、わたしをお遣わしになった方の教えである。この方の御心を行おうとする者は、わたしの教えが神から出たものか、わたしが勝手に話しているのか、分かるはずである」(16～17節)。本当に心の耳を澄ませてイエスの言葉を聴く者は、「ああ、これは神がおっしゃっていることだ」と気づくのですね。

わたしたちも教会の礼拝で牧師の話される言葉を聞きますが、礼拝説教は牧師が自分の考えを話しているのではありません。聖書の中にはわたしたちにはわかり難い言葉がずいぶん出てきますから、それをわたしたちがわかるように牧師は伝えているのです。説教を通してわたしたちは、神さまの声を聴きます。

イエスさまは皆の前でおっしゃいます。「わたしが一つの業を行ったというので、あなたたちは皆驚いている」(21節)。これは、あのベトザタの池での癒やし(ヨハネ5章)のことです。それが安息日に行われたということで、ユダヤ人たちに反感を抱かせてしまったのでしたね。

ユダヤ人たちは、自分がユダヤ人であるという証拠を「割礼」に求めていました。これは神さまが族長アブラハムを通して民に命じたことで(創世記17・10以下)、救われた者のしるしとして男性の生殖器にしるしを付けるのです。これを安息日に行うことが許されているのに、どうして「わたしが安息日に全身をいやしたからといって腹を立てるのか」(23節)。割礼が救われたしるしなら、病の癒やしも同様に救われたしるしではないか。「なぜ、わたしを殺そうとするのか」(19節)。そう、イエスさまがユダヤ人に問うています。

うわべで判断するのでなく、もっと深く考えて正しい判断をしなさい。そうイエスはおっしゃるのです。

◆7章25〜31節　この人はメシアか

このイエスさまのお話を聞いて、このように言う者がいました。「これは、人々が殺そうとねらっている者ではないか。あんなに公然と話しているのに、何も言われない。議員たちは、この人がメシアだということを、本当に認めたのではなかろうか」（25〜26節）。

イエスさまはかつて4章でサマリアの女性に「生きた水の話」をなさった後で、弟子たちに「わたしの食べ物とは、わたしをお遣わしになった方の御心を行い、その業を成し遂げることである」（4・34）とおっしゃったことがありましたね。神から託された務めとして、神の言葉を人々に伝えることを自分の糧となさっていましたから、ご自分を殺そうとする人たちが出てきたことを重々ご存じの上で、なお、宣教に励んでいらっしゃったのです。そのお姿を見て、心を動かされる人が出てきました。「しかし……」と言葉は続きます。どこがイエスのお里なのかわかっている。本当ならメシアの出身地はわからないはずなのに、というわけです（27節）。

神殿の境内で教えていたイエスさまは、それを耳にして、大声で言われます。あなたがたはわたしがナザレの生まれだと思っているのでしょうが、本当はあなたがたが知らない、真実の方、神がわたしをこの世にお遣わしになったのです。「わたしをお遣わしになった方は真実であるが、あなたたちはその方を知らない。わたしはその方を知っている。わたしはその方のもとから来た者であり、その方がわたしをお遣わしになったのである」（28〜29節）。

これを聞いた人々が、イエスさまを捕らえようとしても、まだイエスさまは逮捕されません。「イエスの時はまだ来ていなかったからである」（30節）。他方、群衆の中にはイエスさまを信じる者も大勢出てきました。

◆7章32〜36節　下役たち、イエスの逮捕に向かう

大勢の人々がイエスさまを信じ始めたのを知った祭司長

やファリサイ派の人々、つまりユダヤ社会の権力者たちは、いよいよ、これは何とかしなくてはと「イエスを捕らえるために下役たちを遣わした」（32節）のです

そこでイエスさまがおっしゃいました。「今しばらく、わたしはあなたたちと共にいる。それから、自分をお遣わしになった方のもとへ帰る。あなたたちは、わたしを捜しても、見つけることがない。わたしのいる所に、あなたたちは来ることができない」（33～34節）。

今のわたしたちには、これはイエスさまが神のおられる所に戻られる昇天のことを言っているのだとわかります。しかし当時の人々には、それはとても想像できませんでした。ですから、みな、この人は何を言っているのだろうと不思議に思っていたでしょう。

◆7章37～39節　生きた水の流れ

仮庵祭は七日間続いたそうです。祭りが最も盛大に祝われる終わりの日、イエスさまは立ち上がって大声で言われました。「渇いている人はだれでも、わたしのところに来て飲みなさい。わたしを信じる者は、聖書に書いてあるとおり、その人の内から生きた水が川となって流れ出るようになる」（37～38節）。

仮庵祭は雨乞いの祭りと結びつき、水注ぎの儀式を行っていたそうです。それと重ね合わせて、イエスさまが豊かな水のイメージで、救いについてお話しなさっています。

すでに、サマリアの女性との会話の中で、イエスさまは「わたしが与える水を飲む者は決して渇かない。わたしが与える水はその人の内で泉となり、永遠の命に至る水がわき出る」（４・14）と語っていました。今それと重ねるようにして、イエスさまを信じる者は、自分の渇きが癒やされるだけでなく、その人の内から「生きた水が川となって流れ出る」とおっしゃるのです。十字架の場面では、イエスさまのお体から水が流れ出すのを見ることになります（19・34）。

続いて39節に「イエスは、御自分を信じる人々が受けようとしている〝霊〟について言われたのである」とあります。イエスさまから水をいただくとは、聖霊をいただくことです。後にわたしたちは、復活したイエスさまが弟子た

ちに聖霊を与える場面を読むでしょう（20・22）。

◆7章40〜44節　群衆の間に対立が生じる

イエスさまの言葉を聞いて群衆は分裂します。ある者は、この人は本当の預言者だと言い、またある者は「この人はガリラヤから来た人だ。ガリラヤのような、都から遠いひなの里からメシアが出るだろうか。メシアはダビデの子孫でベツレヘムから出ると聖書は言っているではないか」と言い、「群衆の中に対立が生じた」（43節）のです。

なるほどミカ書5章1節には、確かに「ベツレヘムよ……お前の中から、わたしのために　イスラエルを治める者が出る」と書いてあります。

◆7章45〜52節　ユダヤ人指導者たちの不信仰

イエスさまを捕らえるために遣わされた下役のものたち（7・32）が、何もせずに戻ってきたのを見た祭司長やファリサイ派の人々は、「どうして、あの男を連れて来なかったのか」（45節）と彼らを叱りつけました。それに対する下役たちの返事は「今まで、あの人のように話した人はいません」（46節）でした。下役たちはイエスさまに惹かれるものを感じていたのです。

40〜44節に群衆がイエスさまをめぐって対立したことが記されていましたが、ここで議員やファリサイ派の人々は、「お前たちまでも惑わされたのか」（47節）と下役どもの不甲斐なさをなじっています。そして群衆は律法を知らないからイエスを信じるのだと決めつけるのです（49節）。

そこに、3章に出てきたニコデモが再び登場します。彼は議員であり、ファリサイ派です（3・1）が、イエスさまをかばう発言をします。「我々の律法によれば、まず本人から事情を聞き、何をしたかを確かめたうえでなければ、判決を下してはならないことになっているではないか」（51節）。イエスさまを捕まえてやろうと息巻いているファリサイ派たちを、たしなめたのです。

第8章

◆7章53節〜8章11節　わたしもあなたを罪に定めない

お手元の聖書ではこの箇所が〔　〕でくくられていますね。これはこの箇所が、後になってヨハネ福音書に付加されたと考えられているためです。でも、わたしたちはそこを詮索する必要はありません。素直に読んで、そのメッセージをしっかりくみ取りましょう。

次の朝早くイエスさまがまた神殿においでになると、人々が教えを求めて集まってきました。そこでイエスさまは座って、人々に話を始めました。

そこに、前章でイエスさまを捕らえようとしていたあのユダヤ教の指導者たちが、「先生、この女は姦通《かんつう》をしているときに捕まりました」（4節）と言って、一人の女を引き立ててきたのです。そして「こういう女は石で打ち殺せと、モーセは律法の中で命じています。ところで、あなたはどうお考えになりますか」（5節）とイエスに迫ってきました。

「律法」というのは、例えば申命記22章22節以下ですが、そこには姦淫を犯した者は男女ともに殺されなければならないとあります。それに対して、この場にはなぜか女性だけが連れてこられています。このことからも、律法学者たちの質問は、イエスさまを捕らえる口実を得るためであったことがうかがわれます。

この質問に、イエスさまがもし「打ち殺せ」と応じれば、罪の赦しを説いてきた、これまでの発言と矛盾することになります。「殺してはいけない」と言えば、律法を否定することになります。どちらの答えをしてもイエスさまが不利になる質問でした。

ですからその質問に対して、イエスさまは一言もお話しにならず、指で地面に何か書き始めました。人々が自省をする間をお取りになったのではないでしょうか。

その間も彼らはしつこく問い続けるので、イエスさまは身を起こして、「あなたたちの中で罪を犯したことのない者が、まず、この女に石を投げなさい」（7節）と一言おっしゃったのです。そこにいる皆に、自分も罪人の一人であることを認識させる強烈な一言でした。

これを聞いて人々は一人去り二人去りしていくのですが、「年長者から始まって」（9節）というのはとても面白いです。人は年輪を重ねるほどに、「自分は何と馬鹿なことをしたのか」とわかるということでしょうか。

とうとう女性とイエスさまだけが、その場に残されました。なおも地面に何か書き続けていたイエスさまは、身を起こして女性に言われます。「婦人よ、あの人たちはどこにいるのか。だれもあなたを罪に定めなかったのか」（10節）。女性は「主よ、だれも」（11節）と答えました。

このとき女性はどう思っていたでしょうか。ただホッとしただけでは、なかったでしょう。姦淫の罪を犯したのは紛れもない事実でした。ですから、続いてイエスさまがおっしゃった「わたしもあなたを罪に定めない。行きなさい。これからは、もう罪を犯してはならない」との御言葉は、彼女の心の中にジーンと染み込んでいったと思います。「赦された！」と。

◆8章12〜20節　イエスは世の光

続いてイエスさまは「わたしは世の光である。わたしに従う者は暗闇の中を歩かず、命の光を持つ」（12節）と言われました。とても大切な御言葉です。よく味わいましょう。

「暗闇」とは、わたしたちを虜《とりこ》にしている罪のことです。つまり、わたしたちに命をくださった神に従わず、自分の考え、自分のしていることが一番と信じ込む心です。「光」でいらっしゃるイエスさまに向き合うとき、わたしたちにはその罪に捕らわれている自分の姿が、はっきり見えてきます。そしてイエスさまに従うと決心するとき、わたしたちは闇から抜け出して、新しい命に生きることができるのです。大きな恵みです。

しかし、この言葉を巡ってファリサイ派の人々がイエスさまへの攻撃を始めます。「あなたは自分について証しをしている。その証しは真実ではない」（13節）と。5章31節にも同じような表現がありましたが、自分についての証言が無効であるというのは、当時の常識でした。ただ、この発言は、イエスさまが何者かを知らないがゆえの発言であったのです。

ファリサイ派の人々には、イエスさまはナザレ出身の田舎者、としか見えていません。ところが、「たとえわたしが自分について証しをするとしても、その証しは真実である」（14節）とイエスさまは断言します。「自分がどこから来たのか、そしてどこへ行くのか、わたしは知っているからだ」という言葉は、この福音書の冒頭の「初めに言《ことば》があった」を思わせます。イエスさまは初めから神さまと共にいた、神そのものであるお方であり、だからこそその証言は真実です。

証言が真実であることは、裁きが真実であることに結びつきます。「もしわたしが裁くとすれば、わたしの裁きは真実である。なぜならわたしはひとりではなく、わたしをお遣わしになった父と共にいるからである」（16節）とイエスさまは言われました。

これを聞いて「あなたの父はどこにいるのか」と質問した人々に、イエスさまは「あなたたちは、わたしもわたしの父も知らない。もし、わたしを知っていたら、わたしの父をも知るはずだ」と答えます（19節）。

わたしたちはイエスさまを通して神さまを知ることができます。「いまだかつて、神を見た者はいない。父のふところにいる独り子である神、この方が神を示されたのである」（ヨハネ1・18）とあるとおりです。「イエスは主」という信仰を与えられてこそ、わたしたちは神さまのなさることを受け入れることができるのです。

◆8章21～30節　わたしの行く所にあなたたちは来ることができない

イエスさまは、ご自分を受け入れないユダヤ人に向けて、「あなたたちは自分の罪のうちに死ぬことになる。わたしの行く所に、あなたたちは来ることができない」（21節）と告げました。ユダヤ人は、律法を守っている自分たちが死んだ後には、神の国に行くことを疑っていませんでしたから、イエスさまは「自殺でもするつもりなのだろうか」（22節）とトンチンカンなことを言っています。自分たちは神の国に行くけれど、イエスは自殺して陰府《よみ》に行く、だから「わたしの行く所に、あなたたちは来ることができない」などと言っているのだろうか、と。

イエスさまはそういうユダヤ人に対して「『わたしはある』ということを信じないならば、あなたたちは自分の罪のうちに死ぬことになる」（24節）と重ねて告げています。6章20節の「わたしだ」という言葉を説明したときにも申しましたが、「わたしはある」は神さまがモーセにお示しになった神さまのお名前なのです。つまりここでイエスさまが言おうとしているのは、「イエスさまを神だと信じなければ」ということになります。

パウロの言葉を思い出します。「罪が支払う報酬は死です。しかし、神の賜物は、わたしたちの主イエス・キリストによる永遠の命なのです」（ローマ6・23）。イエスさまを神と信じなければ、わたしたちの最後は罪の内に死んで、滅びるしかありません。

そこでユダヤ人は「あなたは、いったい、どなたですか」（25節）と尋ねます。イエスさまの言動に接しながら、なおイエスさまがどなたかわからなかったのです。

わたしたちも彼らと変わりません。わたしたちは神の息によって生きるものとされましたね（創世記2・7）。いただいたその神の息（聖霊）によって、イエスさまの言葉を聴き、なさった御業を見なければ、「イエスはキリスト」

という告白には至らないのです。重ねて言います。信仰は聖霊の助けによって、いただける恵みです。人間の知識、知力によって得られるものではありません。

イエスさまは更に続けます。「あなたたちは、人の子を上げたときに初めて、『わたしはある』ということ、また、わたしが、自分勝手には何もせず、ただ、父に教えられたとおりに話していることが分かるだろう」（28節）。

「人の子を上げたとき」とはイエスさまを十字架にかけるときのことです。3章14節にもこの言葉が出てきましたね。十字架に上げられるときに初めて、イエスさまが神であることがはっきりと明らかにされます。

この十字架のとき、「わたしをお遣わしになった方は、わたしと共にいてくださる。わたしをひとりにしてはおかれない。わたしは、いつもこの方の御心に適《かな》うことを行うからである」（29節）とイエスさまは言われます。十字架の上でも、イエスさまと父なる神さまはひとつなのです（16・32参照）。

これを聞いて「多くの人々がイエスを信じた」（30節）とあります。でも残念ながらその信仰は、表面的なものだったのかもしれません。それは、続く箇所で明らかにされます。

◆8章31〜38節　真理はあなたたちを自由にする

ご自分を信じたユダヤ人たちに、イエスさまは言われました。「わたしの言葉にとどまるならば、あなたたちは本当にわたしの弟子である」（31節）。

「わたしの言葉にとどまる」と聞くと、この福音書の初めのほうで、イエスさまの最初の弟子になった二人が、イエスさまに、「ラビ、どこに泊まっておられるのですか」（1・38）と尋ね、イエスさまが「来なさい。そうすれば分かる」とおっしゃったことを思い出します。

イエスさまの言葉にとどまるとは、その言葉に従って生き、その中でイエスさまの言葉がわかるようになるということでしょう。わたしたちにそういう生き方ができれば、「あなたたちは真理を知り、真理はあなたたちを自由にする」（32節）という状態に達するのだと思うのです。神がおられるということは、わたしたちの頭脳の働きでわかるのではなく、イエスさまに従って生きていくとき、聖霊がわからせてくださることなのです。

それを聞いたユダヤ人たちは、自分たちは「だれかの奴隷になったことはありません」（33節）と返してきます。自由とは何かに捕らわれていることから解放されることです。この人たちは自分が何に捕らわれているか、わかっていませんでした。わたしたちはどうでしょう。

イエスさまはこうお答えになりました。「はっきり言っておく。罪を犯す者はだれでも罪の奴隷である」（34節）。わたしたちは罪の奴隷であり、だからこそ、自由にしていただく必要があります。

キリスト教は何でも罪だ、罪だと言うから嫌いだという人がいらっしゃいます。確かに罪と聞けば、一般には、法律違反を連想します。わたしは何も悪いことをしていない。皆さんそう思うのです。

例えば「盗む」ということを考えてみましょう。なぜ盗むのでしょう。それが欲しかったからですね。欲しくてたまらなかったから盗んだのです。ここには、他人の迷惑や他人の悲しみなどを顧みない自己中心性があります。

この「自分さえよければ」という思いが、罪の根源です。それが盗みや殺人といった法律違反の根源にもあります。そしてたとえ法律違反をしなくても、わたしたちの誰もがこの「自分さえよければ」の虜《とりこ》になっているのではないでしょうか。

イエスさまはこの根源を「罪」と呼んでいるのです。この罪から自由になるためにはイエスさまに従うしかありません。「子があなたたちを自由にすれば、あなたたちは本当に自由になる」（36節）と言われているとおりです。

それなのになぜ、ユダヤ人は、イエスさまを受け入れず、殺そうとするのでしょう。「あなたたちがアブラハムの子孫だということは、分かっている。だが、あなたたちはわたしを殺そうとしている。わたしの言葉を受け入れないからである。わたしは父のもとで見たことを話している。ところが、あなたたちは父から聞いたことを行っている」（37～38節）とイエスさまはおっしゃっています。

「父」という言葉が二回出てきますが、指しているものが異なるようです。イエスさまが「父のもとで見たこと」、つまり父なる神さまから見せていただいたことを語っているのに対し、あなたたちは「父から聞いたこと」、つまりアブラハムから受け継いだ律法を行っている。だからイエスさまの言葉を受け入れず、イエスさまを殺そうとしているのです。

◆8章39〜47節　反対者たちの父

それを聞いた人々は「わたしたちの父はアブラハムです」（39節）と主張します。それに対してイエスさまは、ならばなぜわたしを殺そうとするのか、とおっしゃいます。「アブラハムの子なら、アブラハムと同じ業をするはずだ。ところが、今、あなたたちは、神から聞いた真理をあなたたちに語っているこのわたしを、殺そうとしている。アブラハムはそんなことはしなかった」（39〜40節）。

確かにアブラハムは、神さまの言葉をまっすぐに受け入れました。「あなたは生まれ故郷　父の家を離れて　わたしが示す地に行きなさい」（創世記12・1）との神さまの命令に、アブラハムはただ従いました。そのアブラハムの子なら、イエスさまをまっすぐ受け入れるはずです。でも実際はそうなっていません。

そこでイエスさまは「あなたたちは、自分の父と同じ業をしている」（41節）とおっしゃるのです。アブラハムとは別の父がいるような発言に、ユダヤ人は「わたしたちは姦淫によって生まれたのではありません」と反論します。そして「わたしたちにはただひとりの父がいます。それは神です」と言ったのです。

もしそうであれば、神の子であるイエスさまと、神の子であるユダヤ人は、互いに兄弟として愛し合うことができるはずです。どうしてそれができないのでしょうか。

イエスさまはその理由を次のようにおっしゃいます。「あなたたちは、悪魔である父から出た者であって、その父の欲望を満たしたいと思っている」（44節）。たいへん厳しい言葉ですね。「悪魔である父から出た」とまでおっしゃるのですから。

イエスさまは何を伝えたいのでしょう。ユダヤ人が神から引き離されていることを、あなたたちは悪魔の子だと表現したのかもしれません。どうしてユダヤ人が神さまから引き離されてしまったかといえば、自分に縛られていたからです。ユダヤ人たちは大変な勉強家でした。掟をしっかり勉強して、自分の頭で解釈し、それを一生懸命に守りました。そういう自分を誇りとしていました。

しかし、こうして自分に縛られているために、「神のもとから来て、ここにいる」（42節）イエスさまの言葉を聞くことができないのです。「神に属する者は神の言葉を聞く。あなたたちが聞かないのは神に属していないからである」（47節）と言われているとおりです。

これは、わたしたちに向かって厳しく悔い改めを迫る言葉でもあります。

◆8章48〜59節　アブラハムが生まれる前から「わたしはある」

7章から8章にかけて、イエスさまと敵対者との論争が続いてきました。その最後の部分です。

ユダヤ人たちが「あなたはサマリア人で悪霊に取りつかれている」（48節）と言いがかりをつけると、イエスさまは反論し「わたしは悪霊に取りつかれてはいない。わたしは父を重んじているのに、あなたたちはわたしを重んじない」（49節）とおっしゃいました。41節でユダヤ人も神を父としていると言っていました。それなのになぜ神から来たイエスさまを大事にしないのか、という反論です。さらにイエスさまは「はっきり言っておく。わたしの言葉を守るなら、その人は決して死ぬことがない」（51節）とまでおっしゃいました。この言葉は、ますますユダヤ人たちの反感に油を注いでしまいます。

アブラハムも預言者も死んだではないか。それなのに、イエスさまの言葉を守るなら死ぬことはない、とはどういう意味だ。「いったい、あなたは自分を何者だと思っているのか」（53節）とユダヤ人は言っています。

それに応じて、イエスさまはご自分が何者であるかを明らかになさいます。「わたしはその方を知っており、その言葉を守っている。あなたたちの父アブラハムは、わたしの日を見るのを楽しみにしていた。そして、それを見て、喜んだのである」（55〜56節）。

「その方」とは神さまのことです。ユダヤ人たちも神さまについて「我々の神だ」（54節）と言っていましたが、しかし彼らはその方にお目にかかったことはありません。ただイエスさまだけが神さまをご存じなのです。アブラハムもイエスさまが現れるのを待ち望んでいました。
これに対してユダヤ人たちは「あなたは、まだ五十歳にもならないのに、アブラハムを見たのか」（57節）などと的外れのことを言います。それに対してイエスさまは「はっきり言っておく。アブラハムが生まれる前から、『わたしはある』」（58節）との決定的な発言をなさいました。『初めに言があった』という御言葉を思い出しましょう。イエスさまはご自分が神であることを明らかになさいました。
「すると、ユダヤ人たちは、石を取り上げ、イエスに投げつけようとした。しかし、イエスは身を隠して、神殿の境内から出て行かれた」（59節）
ユダヤ人たちは不幸にも、イエスさまがどのような方かというきわめて大事なことを理解できないまま、イエスさまを亡き者にしようとしているのです。

第9章

◆9章1～12節　生まれつき目の見えない人をいやす

イエスさまと弟子たちは「生まれつき目の見えない人」に出会います。すると弟子たちがイエスさまに尋ねました。「ラビ、この人が生まれつき目が見えないのは、だれが罪を犯したからですか。本人ですか。それとも、両親ですか」（2節）。

弟子たちは当時の常識を前提に、目が見えないのは誰かが何か悪いことをしたからだろうと思ったのでしょう。この人を何とか助けたいとの思いにまでは至っていません。

そういう弟子たちに対して主イエスは、「本人が罪を犯したからでも、両親が罪を犯したからでもない。神の業がこの人に現れるためである」（3節）とおっしゃいます。目が見えないということを通して、神のご栄光を現すことができるのだと。思いもしなかった福音です。

わたしたちの周りにも病気の人や、体の不自由な人がたくさんいます。何よりわたしたち自身が、いろんな弱さを抱えています。でもそういう一人一人が神さまに愛され、神さまによって造られた存在です。それぞれ違っている人々がその特性を認め合い、助け合えれば、すばらしい社会ができると思うのです。それは様々な音色の楽器が集まって、すばらしいオーケストラが成り立つようなものです。神さまがイエスさまを通して、その一人一人が自分らしく生きることを支えてくださいます。「神の業がこの人に現れる」とはそういうことでしょう。

しかしイエスさまはこう続けます。「わたしたちは、わたしをお遣わしになった方の業を、まだ日のあるうちに行わねばならない。だれも働くことのできない夜が来る。わたしは、世にいる間、世の光である」（4～5節）。

この「夜が来る」はイエスさまの十字架の時です。「わたしをお遣わしになった方の業」をこの先ずーっとできるわけではないのです。だからこそイエスさまは、託された業を「世にいる間」にしなければなりません。

そう言ってから、イエスさまは不思議なことを始めます。ご自分の唾《つば》で土をこねて、目の見えない人の目に塗り、「シロアムの池に行って洗いなさい」（7節）と命じたのです。目の見えない人が言われたとおりにすると、なんと、彼は目が見えるようになって帰ってきました。

もちろん周りの人は驚きます。これは、本当にあの目が見えなかった人なのか、違う人ではないか。そんな言葉が飛び交う中、本人が「わたしがそうなのです」（9節）と明らかにすると、人々は「では、お前の目はどのようにして開《あ》いたのか」（10節）と尋ねてきました。

そこで彼は「イエスという方が、土をこねてわたしの目に塗り、『シロアムに行って洗いなさい』と言われました。そこで、行って洗ったら、見えるようになったのです」（11節）と、イエスさまが自分にしてくださったことを証ししました。

それを聞いた人々が「その人はどこにいるのか」と問いますが、彼は「知りません」と答えました（12節）。確かにこの人は自分を癒やしてくれた人を見ていないのですから、わかるわけはないのです。

◆9章13～34節　ファリサイ派の人々、事情を調べる

続いて人々が、この癒やされた人をファリサイ派のとこ

ろに連れていきます。「イエスが土をこねてその目を開けられたのは、安息日のことであった」（14節）とあります。5章でも安息日の癒やしが問題にされていました（5・10）。9章でもファリサイ派の中に、そこを問題にして「その人（癒やした人）は、安息日を守らないから、神のもとから来た者ではない」（16節）と言う者もいました。他方、「どうして罪のある人間が、こんなしるしを行うことができるだろうか」と言う者もいました。

いろんな声があがる中、人々は癒やされた人に尋ねます。「目を開けてくれたということだが、いったい、お前はあの人をどう思うのか」（17節）。そこで彼は「あの方は預言者です」と答えました。

目が不自由だった人は、肉体の目が開かれたと同時に、心の目も開かれたのです。それを「あの方は預言者」という言葉によって知ることができます。これこそ、この人の信仰告白です。彼は堂々と証しをしました。

しかしその証しを聞いても、周りの人は信じることができません。そこでその癒やされた人の両親を呼び出して、なぜ息子の目が見えるようになったのか、尋ねます。でも両親は、それはイエスさまのおかげです、とは言いません。なぜかと言えば両親たちは「ユダヤ人たちを恐れていたから」です。「ユダヤ人たちは既に、イエスをメシアであると公に言い表す者がいれば、会堂から追放すると決めていたのである」（22節）。

会堂というのは、ユダヤ教の人々が集って礼拝をささげる場所ですが、生活の基盤ともなっていました。だから会堂を追放されたら、その土地で生きることができなくなります。両親はそれを恐れて、イエスさまを賛美するようなことはせず、逃げを打ったのです。

両親にかわされてしまったので、ユダヤ人たちは、もう一度、癒やされた人を呼び出します。そして詰問しました。「神の前で正直に答えなさい。わたしたちは、あの者が罪ある人間だと知っているのだ」（24節）。すると彼は答えました。「あの方が罪人かどうか、わたしには分かりません。ただ一つ知っているのは、目の見えなかったわたしが、今は見えるということです」。なんという力ある証しでしょう。

イエスさまの次の言葉を思い出します。「引き渡されたときは、何をどう言おうかと心配してはならない。そのときには、言うべきことは教えられる。実は、話すのはあなたがたではなく、あなたがたの中で語ってくださる、父の霊である」（マタイ10・19〜20）。この人にも今、聖霊が働いて、証しの言葉を与えているのです。

それでもなお、イエスさまを罪人だと決めつけ、問い詰めてくるユダヤ人に対して、この人は言い返します。

「あの方がどこから来られたか、あなたがたがご存じないとは、実に不思議です。あの方は、わたしの目を開けてくださったのに。神は罪人の言うことはお聞きにならないと、わたしたちは承知しています。しかし、神をあがめ、その御心を行う人の言うことは、お聞きになります。生まれつき目が見えなかった者の目を開けた人がいるということなど、これまで一度も聞いたことがありません。あの方が神のもとから来られたのでなければ、何もおできにならなかったはずです」（30〜33節）

かつて目が不自由であった人は、自分の目を開けてくれた人をまっすぐ見つめています。彼にはイエスさまが「神のもとから来られた」方であることが見えていました。しかしまわりのユダヤ人には、イエスさまが何者かが見えなかったのです。そこで彼らは、この癒やされた青年を追い出してしまいました（34節）。

神を証しして信仰を生きることは、時に孤独です。イエスさまが十字架にかかられたとき、まわりの人々がイエスさまを罵《のの》る中で、ただ一人ローマ軍の百人隊長だけが「本当に、この人は神の子だった」（マルコ15・39）と信仰告白したことを思い出します。

◆9章35〜41節　ファリサイ派の人々の罪

イエスさまはかつて目の不自由だった人が、追い出されたことを聞き、彼に会いに行きます。イエスさまはわたしたちが苦しいとき、探し出してくださるお方です。そしてお尋ねになりました。「あなたは人の子を信じるか」（35節）。

彼は答えます。「主よ、その方はどんな人ですか。その方を信じたいのですが」（36節）。自分の目を見えるようにしてくださった方に会いたい、その人を信じたいと、体を乗り出して尋ねる様子が目に浮かぶようです。

イエスさまが、それはこのわたしのことだとご自分を明らかにすると、彼は大きな衝撃を受けたはずです。この人の一生で一番の出来事だったでしょう。「主よ、信じます」（38節）と、彼はひざまずきます。それに対してイエスさまが言われました。「わたしがこの世に来たのは、裁くためである。こうして、見えない者は見えるようになり、見える者は見えないようになる」（39節）。「裁く」には「分割する」という意味があります。イエスさまの言葉と行いによって、イエスさまを信じる者と信じない者が分けられるのです。

それを聞いたファリサイ派が「我々も見えないということか」とつぶやいたのに対し、イエスさまは言われました。「見えなかったのであれば、罪はなかったであろう。しかし、今、『見える』とあなたたちは言っている。だから、あなたたちの罪は残る」（41節）。

この箇所の見出しが「ファリサイ派の人々の罪」となっていますが、これを「わたしたちの罪」と置き換えてもよいのではないでしょうか。見えないことを素直に認めるなら、よいのです。自分こそが正しい、自分は見えているぞ、と自信たっぷりに胸を張るとき、わたしたちは神さまから離れてしまっています。

わたしたちは、あの癒やされた人のように「主よ、信じます」とイエスさまの前にひざまずく心からの礼拝をささげ続けたいと思います。その礼拝を通して、自分自身に、また隣人たちに神さまの救いの御業が働いていることに、少しずつ気づいていけるでしょう。

第10章

◆10章1～6節 「羊の囲い」のたとえ

イエスさまが羊と羊飼いのたとえ話を始めます。「羊の囲い」には門がひとつだけあります。中には「門を通らないでほかの所を乗り越えて来る者」もいますが、彼らは羊に襲い掛かる「盗人《ぬすびと》であり、強盗」（1節）です。キリスト教を装ってわたしたちに近づいてくる、カルト宗教を考えるとわかりやすいでしょう。聖書ではユダヤ人、特にその指導者であるファリサイ派のことを指しています。

これに対して、主人の委託を正式に受けた羊飼いはその門を出入りすることができます。この羊飼いがイエスさまのこと、そこから連れ出される羊がわたしたちです。

「門番は羊飼いには門を開き、羊はその声を聞き分ける。羊飼いは自分の羊の名を呼んで連れ出す。自分の羊をすべて連れ出すと、先頭に立って行く。羊はその声を知っているので、ついて行く」（3～4節）

わたしたちが何より心強く感じるのは、イエスさまに一人一人名前を知られているということです。聖書に養われてくると、イエスさまの声が聞こえてきます。羊であるキリスト者は、飼い主であるイエスさまの声にだけ耳を傾け、安心して従っていきます。

わたしは以前、アメリカの牧羊場で働いたことがあるので、良くわかります。羊飼い以外の者が羊を呼んでも、彼らは知らん顔をしています。ところが一旦羊飼いが声をかけると、一斉に走ってくるのです。羊は羊飼いが自分たちを大事に育ててくれることをちゃんと知っているのです。

「イエスは、このたとえをファリサイ派の人々に話されたが、彼らはその話が何のことか分からなかった」（6節）。フィリサイ派の人々の目にはイエスさまは悪人としか映らないので、羊を真に養うのはイエスさまだけとは、腹が立つ話だったでしょう。

◆10章7～21節　イエスは良い羊飼い

「はっきり言っておく。わたしは羊の門である」（7節）。今度はイエスさまは、ご自分が門そのものであると言っています。神の国に入るためには、どうしても通らなければならない「門」ということでしょう。人々はイエスさまを通じて、初めて愛の神に近付くことができるのです。

「わたしより前に来た者は皆、盗人であり、強盗である。しかし、羊は彼らの言うことを聞かなかった」（8節）。人は本物には耳を傾けるものです。小さい子どもに話をしていると、そのことが良くわかります。これは本物だと感じ取ると、子どもはおしゃべりを止めて、一斉に話し手の目を見つめ、その話に耳を傾けます。

「わたしは門である。わたしを通って入る者は救われる。その人は、門を出入りして牧草を見つける」（9節）。主イエスに出会い、その導きに従っていると、わたしたちは本当にわたしたちの命を生かす「牧草」に出会うのです。牧草は神の言葉、聖書の言葉、礼拝で牧師が説き明かしてくださる説教の言葉です。牧草は羊を生かす欠かせないものです。

そしてイエスさまは「わたしは良い羊飼いである。良い羊飼いは羊のために命を捨てる」（11節）と言われます。若い頃わたしはこの所を読んで、「羊のために命を捨てる」を自分の目標にしなければいけないと思い込み、主イエスさまは無理なことをおっしゃると思ったものです。

でも、これをそのとおり行えた人々もいます。アウシュビッツの収容所で、妻子ある一人の男の身代わりに死刑になったコルベ神父がその一人です。あれは主の助けなしにはできなかったことだと、今はわかります。「羊のために命を捨てる」のは、何よりまず主ご自身だったのです。主の十字架がそれでした。そしてこのわたしのために主が命を捨てられたことを本当に心に刻み込んだ者は、主に助けられて、隣人のために命を捨てられるようにされるのだと思います。

「狼が来るのを見ると、羊を置き去りにして逃げる」（12節）雇い人もいます。でもイエスさまはそうではありません。イエスさまは良い羊飼いであり「わたしは自分の羊を知っており、羊もわたしを知っている」（14節）のです。

さらにイエスさまはおっしゃいます。「わたしには、この囲いに入っていないほかの羊もいる。その羊をも導かなければならない。その羊もわたしの声を聞き分ける。こうして、羊は一人の羊飼いに導かれ、一つの群れになる」（16節）。神の救いの業は、イスラエルの民だけのものではないと、ここで明らかにされます。使徒言行録やパウロの手紙を読むと、神さまがパウロを用いて、救いを異邦人へと開いていく過程がはっきり書かれています。そして「一つの群れ」となったのが、今わたしたちが見る世界に広がる教会の姿なのです。

イエスさまは命を捨てると言われますが、大事なのはさらに続きがあることです。「わたしは命を、再び受けるために、捨てる」（17節）。

十字架でわたしたちのために命を捨てられる主イエスの姿ですね。イエスさまは十字架上で亡くなりますが、復活し、今この時もわたしたちと一緒にいて働いてくださっているのです。ユダヤ教の指導者たちはイエスさまを殺したつもりだったでしょうが、神はそのイエスさまに永遠の命を与えてくださいます。

「この話をめぐって、ユダヤ人たちの間にまた対立が生じた」（19節）とあります。「多くのユダヤ人は言った。『彼は悪霊に取りつかれて、気が変になっている。なぜ、あなたたちは彼の言うことに耳を貸すのか。』ほかの者たちは言った。『悪霊に取りつかれた者は、こういうことは言えない。悪霊に盲人の目が開けられようか』」（20〜21節）。

イエスさまが生まれながら目の不自由な人を癒やし、さらに「羊のために命を捨てる」という言葉を聞いて、イエスさまを「悪霊に取りつかれた者」と見なすグループが生まれる一方で、この人にはきっと何か隠れたものがあると考えるようになったグループも生まれました。

◆10章22〜42節　ユダヤ人、イエスを拒絶する

イエスさまとユダヤ人の対立がさらに続きます。「そのころ、エルサレムで神殿奉献記念祭が行われた。冬であった」（22節）。

クリスマスと同じころ、現在もユダヤ教で祝われるハヌカーというお祭りがあります。「神殿奉献記念祭」とはこのハヌカーのことであり、「バビロン捕囚から解放され帰国した人々が第二神殿を建築奉献した日とされ、さらにマカベアの独立運動の際にシリアのアンティオカス四世エピファネスによって汚された神殿がもう一度潔められ再奉献されたことの記念祭でもあった」（『新共同訳　新約聖書略解』日本キリスト教団出版局、二〇〇〇年）とのことです。マカベアの独立運動とは二世紀にユダヤ人が起こしたもので、弾圧のために一時期神殿に異教の神が祀られたのですが、ユダヤ人がその神殿を取り返したのです。

この冬の日にイエスさまが神殿の境内を歩いていると、ユダヤ人が取り囲み、言いました。「いつまで、わたしたちに気をもませるのか。もしメシアなら、はっきりそう言いなさい」（24節）。ユダヤ人がメシアの到来を待ち望んでいたことが伝わってきます。

イエスさまは答えます。「わたしは言ったが、あなたたちは信じない。わたしが父の名によって行う業が、わたしについて証しをしている。しかし、あなたたちは信じない。わたしの羊ではないからである。わたしの羊はわたしの声を聞き分ける。わたしは彼らを知っており、彼らはわたしに従う」（25〜27節）。

イエスさまはご自分を取り囲んだユダヤ人に対して、はっきりと、あなたがたは「わたしの羊ではない」とおっしゃいます。なぜならイエスさまの業を見ているのに、イエスさまを信じないからです。たいへん厳しいお言葉です。

これに対して、イエスさまの養いのもとにあるイエスさまの羊は、イエスさまの声を聞き分け、従うことができます。イエスさまへの信仰は、神さまの側から一方的にいただける恵みなのです。このご自分の羊に対して、イエスさまは「永遠の命を与える」（28節）とも告げています。そして最後には、「わたしと父とは一つである」（30節）とイエスさまが宣言なさっています。

こうした言葉を聞いたユダヤ人たちは、イエスさまを「石で打ち殺そうとして、また石を取り上げた」（31節）のです。すると、イエスさまは言われました。「わたしは、父が与えてくださった多くの善い業をあなたたちに示した。その中のどの業のために、石で打ち殺そうとするのか」（32節）。

さあ、この問いにユダヤ人たちは「善い業のことで、石で打ち殺すのではない。神を冒瀆《ぼうとく》したからだ。あなたは、人間なのに、自分を神としているからだ」（33節）と答えます。するとイエスさまがこう応じました。

「あなたたちの律法に、『わたしは言う。あなたたちは神々である』と書いてあるではないか。神の言葉を受けた人たちが、『神々』と言われている。そして、聖書が廃《すた》れることはありえない。それなら、父から聖なる者とされて世に遣わされたわたしが、『わたしは神の子である』と言ったからとて、どうして『神を冒瀆している』と言うのか」（34〜36節）

「神の言葉を受けた人たちが、『神々』と言われている」とはどういうことでしょう。調べると、これは詩編82編6節から来ているそうです（聖書の中には、聖書中の関連箇所を示す「引照付き」聖書があり、そういう聖書ですと、この箇所には「詩八二6」と指示があります）。

詩編82編6〜7節「『あなたたちは神々なのか　皆、いと高き方の子らなのか』と。しかし、あなたたちも人間として死ぬ」。人間がこのように「神々」と言われているなら、まして神から遣わされたイエスさまがご自分を「神の子」とおっしゃっても「神を冒瀆している」とは言えないだろうという論理です。

イエスさまが「神の子」であることは、イエスさまが「父の名によって行う業」（25節）を自分を空《むな》しくして見つめれば、自ずとわかることのはずです。ですから「もし、わたしが父の業を行っていないのであれば、わたしを信じなくてもよい。しかし、行っているのであれば、わたしを信じなくても、その業を信じなさい。そうすれば、父がわたしの内におられ、わたしが父の内にいることを、あなたたちは知り、また悟るだろう」（37～38節）とおっしゃるのです。

それを聞いたユダヤ人たちはまた、イエスさまを捕らえようとします。イエスさまは彼らのもとを去り「再びヨルダンの向こう側、ヨハネが最初に洗礼を授けていた所に行って、そこに滞在された」（40節）のですが、「そこでは、多くの人がイエスを信じた」（42節）とあります。イエスさまを見る見方が真っ二つに分かれたことを、再び記しています。

第11章

◆11章1～16節　ラザロの死

ルカ福音書10章に、マルタとマリアという姉妹がイエスさまを家に迎えたときのお話があります。このヨハネ福音書11章にはその兄弟のラザロが出てきます。イエスさまはこの三人を愛し、ベタニアに来ると、しばしばこの家をお訪ねになったようです。

「このマリアは主に香油を塗り、髪の毛で主の足をぬぐった女である」（2節）とは、この後、12章3節で記される出来事の先取りです。聖書が書かれた当時この出来事がとてもよく知られていたので、「あのマリアですよ」という感じで記したのかもしれません。

このときラザロは重い病気にかかっていました。マルタとマリアはイエスさまのもとに人をやって、ラザロの病状を伝えます。しかしイエスさまはそれを聞いても、すぐにベタニアに向かわず「なお二日間同じ所に滞在された」（6節）とあります。不思議ですね。なぜでしょうか。

そのヒントは4節です。イエスさまはラザロの病状を聞き、おっしゃいました。「この病気は死で終わるものではない。神の栄光のためである。神の子がそれによって栄光を受けるのである」。ラザロを通して死に打ち勝つ神の栄光の力を示し、それによって一人でも多くの人が神の力と愛を信じるに至るよう願われたのです。

二日が過ぎて、イエスさまは弟子たちに「もう一度、ユダヤに行こう」（7節）と告げます。イエスさま一行は「ヨルダンの向こう側」（10・40）におられたのですが、ベタニアに行くために、ユダヤへと戻るのです。

すると弟子たちは、ユダヤには敵がいて危険だとイエスさまを止めようとします。これにイエスさまが答えて言います。「昼間は十二時間あるではないか。昼のうちに歩けば、つまずくことはない。この世の光を見ているからだ。しかし、夜歩けば、つまずく。その人の内に光がないからである」（9～10節）。

イエスさまが「世の光」（8・12）であるのに対して、わたしたちの内には「光がない」のです。だから光であるイエスさまがどうしても必要です。でも「昼間は十二時間ある」とあるように、イエスさまの地上での時は限られています。そこでイエスさまは危険を承知の上で、ラザロのもとに出かけていくのです。

イエスさまは続けます。「わたしたちの友ラザロが眠っている。しかし、わたしは彼を起こしに行く」（11節）。ここでイエスさまは「死」について話したのですが、弟子たちはただの眠りのことだと誤解します。そこで今度ははっきりとおっしゃいました。「ラザロは死んだのだ。わたしがその場に居合わせなかったのは、あなたがたにとってよかった。あなたがたが信じるようになるためである。さあ、彼のところへ行こう」（14～15節）。

死に打ち勝つ神の力が「世の光」です。「光は暗闇の中で輝いている」（1・5）とあるとおりです。弟子たちがこの光を信じられるように、イエスさまが働いてくださいます。イエスさまが本当に救い主だと信じられる時を、神がお備えになったのです。

この言葉を聞いて、イエスさまを押しとどめようとしていた弟子たちも心を打たれ、ディディモと呼ばれるトマスは「わたしたちも行って、一緒に死のうではないか」（16節）と思わず口にしました。

◆11章17～27節　イエスは復活と命

イエスさまがベタニアに来ます。ベタニアはエルサレムから「十五スタディオンほど」（18節、三キロ弱）のところです。ラザロがお墓に葬られて四日が過ぎていました。ラザロの姉妹マルタがイエスさまを迎えに出ます。そして言いました。「主よ、もしここにいてくださいましたら、わたしの兄弟は死ななかったでしょうに。しかし、あなたが神にお願いになることは何でも神はかなえてくださると、わたしは今でも承知しています」（21～22節）。マルタはイエスさまには特別な力がおありになると信じていました。

そのマルタにイエスさまが「あなたの兄弟は復活する」と告げると、マルタは、「終わりの日の復活の時に復活することは存じております」と応じました（23～24節）。

マルタは「終わりの日の復活」をちゃんと知っていました。これは当時のユダヤ人の一般的な考え方だったようです。でもマルタの信じるその「復活の時」は、まだ先の話、将来の話です。ところがイエスさまがここで告げようとしているのは、そういうことではありません。

「わたしは復活であり、命である。わたしを信じる者は、死んでも生きる。生きていてわたしを信じる者はだれも、決して死ぬことはない。このことを信じるか」（25～26節）

驚くべき言葉です。先の話ではないのですね。今なのです。イエスさまの復活を信じることは、イエスさまをよみがえらせた、死に打ち勝つ神の力を信じることです。そして今その力を信じるならば、わたしたちは今復活の命をいただきます。わたしたちにはいずれ肉体の死が待っていますが、それは滅びではなく、その後にも命が続いていくと信じることができます。「死んでも生きる」ことを信じられるようになります。

マルタも今それを信じることができたのです。「はい、主よ、あなたが世に来られるはずの神の子、メシアであるとわたしは信じております」（27節）。

◆11章28～37節　イエス、涙を流す

マルタがイエスさまを迎えに出たとき、マリアは家の中

に座っていました（20節）。そのマリアをマルタが呼びます。マリアは立ち上がり、イエスさまのもとに向かいます。

マリアは、イエスさまを見るなり足もとにひれ伏して言いました。「主よ、もしここにいてくださいましたら、わたしの兄弟は死ななかったでしょうに」（32節）。マルタも同じように言っていましたね（21節）。

イエスさまはマリアが泣き、一緒にいるユダヤ人も泣いているのを見て、「心に憤りを覚え」、言われます。「どこに葬ったのか」。彼らは答えます。「主よ、来て、御覧ください」（34節）。そしてイエスさまは「涙を流された」のです（35節）。

イエスさまが涙を流されたというこの場面は、非常に印象的です。聖書の中でもここだけです。

しかし、なぜ死者をよみがえらせる力をお持ちのイエスさまが、涙を流されたのでしょうか。それは、死によってどれだけ多くの人々が悲しみ嘆いているかを改めて知ったからではないでしょうか。イエスさまは、「喜ぶ人と共に喜び、泣く人と共に泣きなさい」（ローマ12・15）の御言葉を生きたお方でした。死の力に人々が押しつぶされている様《さま》を見て、心に憤りを覚えられたのです。愛の憤りです。そして人々の悲しみが伝わってきて、人々と共に涙を流されました。愛の涙です。

このイエスさまの様子に、ユダヤ人たちは「御覧なさい、どんなにラザロを愛しておられたことか」と言い、中には、「盲人の目を開けたこの人も、ラザロが死なないようにはできなかったのか」と言う者もいました（36～37節）。

◆11章38～44節　イエス、ラザロを生き返らせる

イエスさまがラザロの墓に来ます。その墓は石でふさがれていましたが、イエスさまが「その石を取りのけなさい」（39節）とキッパリと命じます。

それを聞いたマルタは「主よ、四日もたっていますから、もうにおいます」としか応じられません。それに対してイエスさまは、「もし信じるなら、神の栄光が見られると、言っておいたではないか」（40節）とマルタに信仰を求めるのです。

イエスさまはわたしたちにも、信仰を求めてくださって

います。わたしたちは、「この病気は死で終わるものではない。神の栄光のためである」（11・4）という御言葉を幼子のように受け入れ、信じることができているでしょうか。

イエスさまはこのことをまっすぐに信じています。だからイエスさまは天を仰ぎ、感謝して、おっしゃいました。「わたしの願いをいつも聞いてくださることを、わたしは知っています。しかし、わたしがこう言うのは、周りにいる群衆のためです。あなたがわたしをお遣わしになったことを、彼らに信じさせるためです」（42節）。

イエスさまがこの世にいらっしゃる時間は、神によって定められています。そしてこの世にいる間にしなければならないのは、イエスさまと同じ信仰にわたしたちが生きられるように導くことでした。それは、神の力が死に打ち勝つことを信じる信仰です。

イエスさまが「ラザロ、出て来なさい」と大声で叫ばれると、ラザロは「手と足を布で巻かれたまま」出て来たのです（43～44節）。

ヨハネ福音書には、イエスさまの七つのしるしが記されていますが、これが七つ目です。水をぶどう酒に変え（2章）、役人の息子を癒やし（4章）、ベトザタの池で病人を癒やし（5章）、五千人を満腹にし（6章）、ガリラヤ湖の湖上を歩き（6章）、目の見えなかった人を癒やし（9章）、そしてラザロを生き返らせました。

◆11章45～57節　イエスを殺す計画

このイエスさまの御業によって、イエスさまを信じる多くの者たちが生まれる一方、ファリサイ派にイエスさまのなさったことを伝える者も出てきます。祭司長たちとファリサイ派の人々は最高法院を召集して言いました。「この男は多くのしるしを行っているが、どうすればよいか。このままにしておけば、皆が彼を信じるようになる。そして、ローマ人が来て、我々の神殿も国民も滅ぼしてしまうだろう」（47～48節）。イエスさまを信じる者が増えて、イエスさまを担いでローマへの反乱を企てるような動きが生まれることを、権力者たちは警戒したのです。そんなことになれば、ローマが大弾圧を加えてくるでしょう。

そこで大祭司カイアファは言いました。「あなたがたは何も分かっていない。一人の人間が民の代わりに死に、国民全体が滅びないで済む方が、あなたがたに好都合だとは考えないのか」（49～50節）。

皮肉なことに、「一人の人間が民の代わりに死に」という言葉は、イエスさまの十字架の意味を正しく伝えています。カイアファは自覚しないままに、イエスさまが「散らされている神の子たちを一つに集めるためにも死ぬ」ことを「預言」していました（51～52節）。

神の救いの御業は、人間の罪深い行動や浅はかな思いまでお使いになって、着々と進んでいく。これがヨハネの伝えたかったことなのでしょう。

このラザロのよみがえり以降、イエスさまを殺すという計画はいよいよ加速し始めます。そこでイエスさま一行は「荒れ野に近い地方のエフライムという町に行き」（54節）、滞在されました。

過越祭が近づいて、多くの人がエルサレムを訪れる時期となり、祭司長たちとファリサイ派の人々は、「イエスの居どころが分かれば届け出よ」（57節）と、命令を出していました。イエスさまを逮捕するためでした。

第12章

◆12章1～8節　ベタニアで香油を注がれる

イエスさまが油を塗られるという出来事は、四つの福音書すべてに描かれています（マタイ26・6～13、マルコ14・3～9、ルカ7・36～50）。ヨハネ福音書ではこの出来事が、過越祭の六日前、マルタ、マリア、ラザロの家で起きたこととして描かれます。そこには「イエスが死者の中からよみがえらせたラザロ」（1節）もいました。みんなで夕食を始めたときのことです。

「そのとき、マリアが純粋で非常に高価なナルドの香油を一リトラ持って来て、イエスの足に塗り、自分の髪でその足をぬぐった。家は香油の香りでいっぱいになった」（3節）。ナルドの香油とはヒマラヤ山地の植物から抽出される香料で、ユダヤでは非常に高価な輸入品でした。マリアがその香油を一リトラ（約三二六グラム）持って来て、イエスさまの足に塗ったのです。

この行為にはたぶん二つの意味があります。ひとつは、ラザロを生き返らせるという驚くべき御業を行ったイエスさまがメシアであることを、みんなに明らかにするということです。メシアとは「油注がれた者」という意味であり、旧約聖書においては王の任命に際して油注ぎの儀式が行われています。マリアはこの油注ぎによって、イエスさまこそまことの王、救い主であることを明らかにしたのです。

もうひとつはイエスさまの葬りの準備です。イエスさまが「この人のするままにさせておきなさい。わたしの葬りの日のために、それを取って置いたのだから」（7節）とおっしゃっているとおりです。ユダヤの習慣では、亡くなった人を葬る前に遺体に香油を塗り、丁寧に白い布で体を巻いたのだそうです。マリアは十字架に向かうイエスさまのために、香油を注いだのです。

このマリアの油注ぎに反発したのが、同席していたイスカリオテのユダでした。「なぜ、この香油を三百デナリオンで売って、貧しい人々に施さなかったのか」（5節）とユダは言いました。一デナリオンが一日分の賃金ですから、いかに高価な香油であったのかがわかります。

わたしたちも言いそうなことだと思いませんか。そういうユダに対して、イエスさまがおっしゃいます。「貧しい人々はいつもあなたがたと一緒にいるが、わたしはいつも一緒にいるわけではない」（8節）。イエスさまは、マリアがイエスさまとの今ここでの交わりをかけがえのないものとし、多くをささげたことを、しっかり受け止めてくださったのです。

◆12章9～11節　ラザロに対する陰謀

死んだ人がよみがえったという、常識では考えられないことが起こったのです。「ユダヤ人の大群衆がやって来た」（9節）というのも、もっともです。折も折、過越祭の直前で、各地に散らばっていたユダヤ人たちがエルサレムに集まって来ていた時期ですから、噂の広がりに一層の拍車がかかったに違いありません。

それを見て「祭司長たちはラザロをも殺そうと謀《はか》った」（11節）のです。彼らはラザロを通して、人々がイエスさまを信じるようになることを恐れました。

◆12章12〜19節　エルサレムに迎えられる

一日経って、過越祭の五日前です。いよいよイエスさまがエルサレムに入っていきます。

群衆が、勝利の象徴である、なつめやしの枝を持ってイエスさまを迎え、叫び続けます。「ホサナ。主の名によって来られる方に、祝福があるように、イスラエルの王に」（13節）。ホサナは「主よ、わたしたちに救いを」（詩編118・25）という意味です。

そのイエスさまは、ろばの子に乗っていました。それは「シオンの娘よ、恐れるな。見よ、お前の王がおいでになる、ろばの子に乗って」（15節）という旧約聖書の預言（ゼカリヤ書9・9）が実現されるためでした。

なぜ群衆が、こんなにもイエスさまを熱烈に迎えたのかと言えば、イエスさまがラザロになさったことを知っていたからです。この群衆の様子を見て、ファリサイ派の人々は言いました。「見よ、何をしても無駄だ。世をあげてあの男について行ったではないか」（19節）。

ルカによる福音書では、イエスさまを熱烈に迎える人々について、ファリサイ派が「先生、お弟子たちを叱ってください」と言ったとあります。するとイエスさまはお答えになりました。「言っておくが、もしこの人たちが黙れば、石が叫びだす」（ルカ19・40）。どうやっても人々を黙らせることはできないということです。

ファリサイ派の人々の絶望の様子がうかがわれますが、それだからこそ、ますます「イエスを殺害してやる」との気持ちも高まったのでしょう。

◆12章20〜26節　ギリシア人、イエスに会いに来る

過越祭でエルサレムにやってきた人々の中に、ギリシア人がいました。彼らは異邦人ですが、ユダヤ教に尊敬の念を抱いていたのです。その人たちがフィリポのもとへ来て、「お願いです。イエスにお目にかかりたいのです」（21節）と頼んできました。

その異邦人たちの来訪をアンデレとフィリポから聞いたイエスさまは、開口一番「人の子が栄光を受ける時が来

た」(23節)と告げました。ヨハネ福音書では、イエスさまはここまで「わたしの時はまだ来ていない」(7・6など)とおっしゃっていましたが、とうとうその「時」が来たのです。

この栄光の時とは、人となった神が、苦しみを受け十字架上でわたしたち人間の罪を一身に背負って、死に、そして復活する時のことを指します。罪に捕らわれたわたしたちを、罪から解放してくださる時です。そして、そのことが、異邦人であるギリシア人たちの来訪をきっかけに語られたということは、主イエスの栄光が、ただユダヤ人たちに留まらないことを意味しているのではないでしょうか。

事実、現在のキリスト者の人口は世界で二四億人で、世界人口の三二パーセントを占めると言われています。「一粒の麦は、地に落ちて死ななければ、一粒のままである。だが、死ねば、多くの実を結ぶ」(24節)とあるとおりに、全世界に主の栄光が輝いています。

「自分の命を愛する者は、それを失うが、この世で自分の命を憎む人は、それを保って永遠の命に至る」(25節)は、そのような「多くの実を結ぶ」生き方へとわたしたちを招く言葉です。「自分の命を愛する者」は、自分というものに捕らわれて、神に、そして自分の周りの弱い人たちに目を向けられません。言葉を変えれば、自分の奴隷になっている者です。まさにわたしたちの姿です。

「自分の命を愛する」の逆が「自分の命を憎む」です。「自分の命を憎む」と聞くと驚くかもしれませんが、それはイエスさまに仕え、従うことです。自分の命を「第一のもの」とし、自分の奴隷として生きるよりも、イエスさまに従い、イエスさまの僕《しもべ》(奴隷)となるとき、わたしたちに、ずっと多くの実りが与えられるのです。

だからこそイエスさまは、「わたしに仕えようとする者は、わたしに従え。そうすれば、わたしのいるところに、わたしに仕える者もいることになる。わたしに仕える者がいれば、父はその人を大切にしてくださる」(26節)と呼びかけてくださいます。

◆12章27~36節　人の子は上げられる

「人の子が栄光を受ける時が来た」と告げたイエスさま

が、ここで「今、わたしは心騒ぐ」（27節）とおっしゃっています。神の子が「心騒ぐ」とは、とても人間的な表現だと感じます。

マルコ福音書などにあるゲツセマネの祈りでも、イエスさまは弟子たちに「わたしは死ぬばかりに悲しい」（マルコ14・34）と告げ、「この杯《さかずき》をわたしから取りのけてください」（同36節）などと祈っていらっしゃいます。さらに、十字架にかけられたイエスさまの口から出た言葉は、「わが神、わが神、なぜわたしをお見捨てになったのですか」（マルコ15・34）でした。わたしたち人間は神の裁きの恐ろしさが本当にはわかっていません。ただ神の子イエスさまだけが、神の裁きの結果である「滅び」がどれほど恐ろしいのかをご存じだったのでしょう。だからこそ、十字架を前にイエスさまは「心騒ぐ」のです。

しかしイエスさまは続いて、「わたしはまさにこの時のために来たのだ」（27節）と、ご自分がこの世に来た意味を受け止め直し、「父よ、御名の栄光を現してください」（28節）と神に呼びかけます。これはゲツセマネの祈りの「わたしが願うことではなく、御心に適《かな》うことが行われますように」（マルコ14・36）に通じる言葉です。

すると天から声が聞こえ、神さまも「わたしは既に栄光を現した。再び栄光を現そう」（28節）と応じてくださいました。イエスさまのご生涯や数々のしるしを通して、既に栄光が現されてきましたが、今後イエスさまの死と復活においてもっと大きな栄光が現されることになるのです。

「わたしは地上から上げられるとき、すべての人を自分のもとへ引き寄せよう」（32節）とイエスさまが告げています。「上げられる」とは、ひとつはイエスさまが十字架に上げられるということです。もうひとつは復活と昇天ということです。このイエスさまが「上げられる」ことを通して、神の栄光が明らかにされるのです（3・14、8・28参照）。

群衆はイエスさまの言葉を理解できません（34節）が、イエスさまがさらに応じて言われます。「光は、いましばらく、あなたがたの間にある。暗闇に追いつかれないように、光のあるうちに歩きなさい。暗闇の中を歩く者は、自分がどこへ行くのか分からない。光の子となるために、光のあるうちに、光を信じなさい」（35～36節）。

イエスさまが地上にいる時間がいよいよ限られてきました。「光のあるうちに、光を信じ」、光の子となることが求められています。

◆12章36〜43節　イエスを信じない者たち

イエスさまが多くのしるしをユダヤ人たちに示したにもかかわらず、彼らはイエスさまを信じるようにならなかった。それはなぜかというのが、この箇所のテーマです。

その理由を、イエスさまは預言者イザヤの言葉によって、明らかにしています。「神は彼らの目を見えなくし、その心をかたくなにされた。こうして、彼らは目で見ることなく、心で悟らず、立ち帰らない。わたしは彼らをいやさない」（40節）。これはイザヤ書6章10節からの引用です。

彼らが信じられなかったのは、神さまのご意志によることだ、というのです。

わたしはこのことを聖書から示され、教会の伝道は愚直に御言葉を伝え続けることに尽きるのであって、他に方法はないのだと、しっかり心に留めるようになりました。マルコ福音書などが伝える「『種を蒔く人』のたとえ」（マルコ4・1〜9）はまさにそのことを教えています。福音の種はあまねくすべての人々に、分け隔てなく蒔かれればよいのです。そしてそれが根付いて芽を出すか出さないかは、神がお決めになることです。

「とはいえ、議員の中にもイエスを信じる者は多かった」（42節）とあって、少しホッとしました。あの頑なに見えた議員たちの中にも、イエスさまを信じる者がいたのですね。

「ただ、会堂から追放されるのを恐れ、ファリサイ派の人々をはばかって公に言い表さなかった。彼らは、神からの誉れよりも、人間からの誉れの方を好んだのである」（42〜43節）。でも自分が仲間の中で浮き上がるのが怖くて、その信仰を表明できませんでした。人間は本当に自分中心な生き物なのです。惜しい話です。

◆12章44〜50節　イエスの言葉による裁き

「わたしを信じる者は、わたしを信じるのではなくて、

わたしを遣わされた方を信じるのである。わたしを見る者は、わたしを遣わされた方を見るのである」（44〜45節）
イエスさまは、このことを「叫んだ」と書いてあります。ここを間違えてはいけないぞ、という気迫を感じます。イエスさまが人間の姿となって来てくださったのは、その人間の姿の先に見えてくる神への信仰に、わたしたちを導くためです。
「わたしを信じる者が、だれも暗闇の中にとどまることのないように、わたしは光として世に来た」（46節）。ヨハネ福音書15章で、イエスさまが「わたしにつながっていなさい。わたしもあなたがたにつながっている」（4節）と言っています。前にも記したように（本書16ページ参照）、この「つながる」は直訳すれば「とどまる」です。イエスさまはわたしたちに「暗闇の中にとどまるのではなく、光であるわたしにとどまりなさい」とおっしゃるのです。
問題は、このようなイエスさまの言葉をわたしたちがどう聴くか、です。「わたしの言葉を聴いて、それを守らない者がいても、わたしはその者を裁かない。わたしは、世を裁くためではなく、世を救うために来たからである」（47節）とイエスさまは言います。イエスさまはあくまでもわたしたちを救うために来てくださいました。でも現実にはイエスさまの言葉を受け入れない人たちが存在し、彼らはそのことによって裁かれてしまっています。
「わたしを拒み、わたしの言葉を受け入れない者に対しては、裁くものがある。わたしの語った言葉が、終わりの日にその者を裁く。なぜなら、わたしは自分勝手に語ったのではなく、わたしをお遣わしになった父が、わたしの言うべきこと、語るべきことをお命じになったからである」（48〜49節）
イエスさまを拒む者は「終わりの日に」裁かれるのです。イエスさまは自分勝手に語っているのではなく、父なる神が「お命じになった」ことを語っています。しかもそれは「永遠の命」（50節）をわたしたちに与えるために、神さまがイエスさまに語らせたことです。ですから、わたしたちはイエスさまの御言葉を感謝して聴きたいと思います。

第13章

◆13章1～20節　弟子の足を洗う

イエスさまが弟子たちと一緒に最後の夕食を囲む、いわゆる「最後の晩餐」の場面です。

「最後の晩餐」はすべての福音書に出てきます。マタイ、マルコ、ルカの三福音書ではこれが過越の食事であり、その食事が、今教会で行われている聖餐の原型になっています。

他方、ヨハネ福音書では、この晩餐が「過越祭の前」（1節）とされています。そしてヨハネ福音書だけは、イエスさまがこの晩餐において弟子たちの足を洗ったという出来事を記しています。現在の教会の暦では受難週の木曜日を「洗足木曜日」と呼び、この出来事を覚える日としています。

この聖書箇所で特に心を打たれるのは、「イエスは……世にいる弟子たちを愛して、この上なく愛し抜かれた」（1節）という所です。わたしたちは教会で礼拝をしているときには、主イエスの愛をありがたいと意識していますが、普段の生活においては、自分が本当にイエスさまに愛された存在であることをほとんど忘れているかもしれません。しかし、わたしたちが意識するとしないとにかかわらず、イエスさまの目が絶えずわたしたちに注がれ続けていることを、ここでしっかり心に留めたいと思います。わたしたちは主イエスに「この上なく愛し抜かれた」存在なのです。「この上なく」には「極限まで」と「最後まで」という二つの意味があるそうです。この二重の大きな愛を、行いで示してくださったのが、今日の場面です。

「イエスは、父がすべてを御自分の手にゆだねられたこと、また、御自分が神のもとから来て、神のもとに帰ろうとしていることを悟り、食事の席から立ち上がって上着を脱ぎ、手ぬぐいを取って腰にまとわれた。それから、たらいに水をくんで弟子たちの足を洗い、腰にまとった手ぬぐいでふき始められた」（3～5節）

当時は素足でサンダルばきでしたので、外を歩けば足が汚れます。客人の汚れた足を洗うのは、奴隷の仕事でした。それをイエスさまが率先して行ってくださるのです。

そもそもイエスさまがこの世でわたしたちに示されたご生涯そのものが、「僕《しもべ》としての生涯」でした。神に従い、人々へ仕える姿を見せてくださいました。この洗足の行為は、イエスさまのご生涯全体を凝縮するものであったと言えるのでしょう。

弟子たちの足をイエスさまが順に洗い、ペトロの番になったときです。ペトロはイエスさまに「わたしの足など、決して洗わないでください」（8節）と言いました。ペトロは恥ずかしかったし、申し訳なく思ったのでしょう。そのペトロの気持ちは、わかる気がします。でも、そのペトロにイエスさまはこう答えるのです。「もしわたしがあなたを洗わないなら、あなたはわたしと何のかかわりもないことになる」。

この「あなたを洗う」には、単に足を洗うだけでなく、十字架による罪の赦しということも含まれているのではないかと、わたしは思いました。わたしたちには、イエスさまに洗っていただかなければ、どうしても取り除けない汚れがこびりついているのです。ペトロはそれをわかっていなかったのかもしれません。でもイエスさまの言葉を通してペトロもそれを理解し、洗っていただくことをイエスさまにお願いしました。

さらにこの「洗う」には、洗礼も含まれているのかもしれません。洗礼を拒んでしまえば、わたしたちとイエスさまの関係が始まりません。

12節以下では、洗足の出来事の意味をイエスさまご自身が説明してくださいます。「ところで、主であり、師であるわたしがあなたがたの足を洗ったのだから、あなたがたも互いに足を洗い合わなければならない。わたしがあなたがたにしたとおりに、あなたがたもするようにと、模範を示したのである」（14～15節）。

もうすぐイエスさまは十字架にかかり、この地上からいなくなってしまいます。その前に今、イエスさまは「模範」を示してくださったのです。弟子たちはイエスさまに洗っていただいたように、これからは互いに洗い合い、仕え合って生きることを求められています。

その弟子たちの中に「御自分を裏切ろうとしている者」（11節）、イスカリオテのユダがいることを、イエスさまは知っていました。「わたしは、どのような人々を選び出したか分かっている。しかし、『わたしのパンを食べている者が、わたしに逆らった』という聖書の言葉は実現しなければならない」（18節）。ここでイエスさまは詩編41編10節を引用しながら、ユダの裏切りが旧約聖書の預言の成就であり、このことも神の救いの計画の一環であることを示しています。

わたしはイエスさまがなぜ、ユダを十二弟子としてお選びになったのかずっと不思議に思っていました。でも18節などを読みながら、段々わかってきた気がします。

旧約聖書の中にも、汚れた人間の思いを超えて、神の救いの歴史が続いていくことが記されています。例えばヤコブは、父をだまして兄エサウが受けるべき祝福を奪い取った（創世記27・27～29）のですが、それでも後にイスラエルという名前を与えられ（同35・10）救いの流れに位置付けられます。人間の罪を、神の救いが包み込んでしまうかのようです。十二使徒の中から裏切り者が出たことも、同じなのかもしれません。

◆13章21〜30節　裏切りの予告

冒頭の「心を騒がせ、断言された」（21節）は人となったイエスさまの苦しみ、戸惑いを表しています。ユダもまた、イエスさまが愛した弟子の一人だったからです。

イエスさまが裏切り者の存在を口にしても、弟子たちはそれが誰のことかわかりません。そこで「イエスの愛しておられた者」（23節）と呼ばれる弟子が、イエスさまの胸もとに寄りかかったまま「それはだれのことですか」（25節）と尋ねました。

この「イエスの愛しておられた者」と呼ばれる人は、この後、何度かヨハネ福音書に出てくる重要人物です（20・2、21・7）。21章24節によれば、この福音書を書いた人を示しているようです。

この弟子の質問に対して、イエスさまは「わたしがパン切れを浸して与えるのがその人だ」（26節）と答えました。食事は信頼できる親しい者同士でするのが普通です。ですから弟子たちにとって、このイエスさまの言葉は衝撃的だったでしょう。

イエスさまはパンをユダに渡すと、「しようとしていることを、今すぐ、しなさい」（27節）とお命じになります。神さまの救いのご計画に信頼し、それを引き受けようとするイエスさまの姿勢が明らかです。

「ユダはパン切れを受け取ると、すぐ出て行った。夜であった」（30節）。この「夜であった」が印象的です。サタンに捕らわれたユダの、心の暗さが描かれているように思います。

◆13章31〜35節　新しい掟

「さて、ユダが出て行くと、イエスは言われた。『今や、人の子は栄光を受けた。神も人の子によって栄光をお受けになった』」（31節）

ユダの裏切りがいよいよ実行されるときです。そしてそれは、十字架と復活によって、イエスさま（人の子）が栄光を受けるときでもあります。

このときを目前に、イエスさまはおっしゃいます。「子たちよ、いましばらく、わたしはあなたがたと共にいる」（33節）。イエスさまは、「子たちよ」と親しく、地上に残していく弟子たちに呼びかけてくださっています。この呼びかけは現代に生きるわたしたちに対して、今もされているのをわたしは感じています。

「あなたがたに新しい掟を与える。互いに愛し合いなさい。わたしがあなたがたを愛したように、あなたがたも互いに愛し合いなさい。互いに愛し合うならば、それによってあなたがたがわたしの弟子であることを、皆が知るようになる」（34～35節）

本章1～20節の洗足の出来事を踏まえると、よくわかる言葉でしょう。「わたしがあなたがたを愛したように、あなたがたも互いに愛し合いなさい」という順序が大切です。

この順序は、神がイスラエルの民に十戒をお与えになった際の順序と同じです（出エジプト記20章）。まず神が、イスラエルを愛して、エジプトでの苦難から救い出してくださったのです。イスラエルはその応答として戒めを守ります。これが十戒の基本的な構造です。

それと同じで、わたしたちが先にイエスさまを愛したのでなく、イエスさまがまずわたしたちに愛を与えてくださったのです。洗足の出来事はその目に見えるしるしでした。このイエスさまの愛を通して、わたしたちは初めて、愛とはどのようなものかを知りました。その愛に感謝して、わたしたちもお互いに愛し合い、仕え合います。そのときわたしたちは、自分がキリストの弟子であることを世に証しすることができるでしょう。

◆13章36～38節　ペトロの離反を予告する

ペトロは本当に心がまっすぐな人でした。ひたむきにイエスさまに信頼して、付き従ってきた弟子でした。だからこそ、イエスさまが去っていってしまう心細さを覚えたのでしょう。ペトロがイエスさまに尋ねます。「主よ、どこへ行かれるのですか」（36節）。イエスさまが答えます。「わたしの行く所に、あなたは今ついて来ることはできないが、後でついて来ることになる」。この言葉はペトロにとって大きな救いであったはずですが、今はまだその言葉の意味はわかりません。

「主よ、なぜ今ついて行けないのですか。あなたのためなら命を捨てます」（37節）と食い下がるペトロに、イエスさまがおっしゃいました。「わたしのために命を捨てると言うのか。はっきり言っておく。鶏が鳴くまでに、あなたは三度わたしのことを知らないと言うだろう」（38節）。

そう聞いたペトロの衝撃は尋常なものではなかったと思います。そして事実、そのとおりのことが起きてしまいました（18・15～27）

このペトロの出来事は四つの福音書すべてが記録しています。一番弟子であったペトロさえも、イエスさまを裏切ってしまう弱さを持っていたことを、教会はとても大切なこととして伝え続けてきたのです。

第14章

1～14節　イエスは父に至る道
15～31節　聖霊を与える約束

◆14章1～14節　イエスは父に至る道

他の福音書にはない、ヨハネ福音書の大きな特徴のひとつは、十字架の直前の14章から16章までに置かれた、イエスさまの長大な説教です。弟子たちとの別れの説教なので「告別説教」などと呼ばれます。

「心を騒がせるな。神を信じなさい。そして、わたしをも信じなさい。わたしの父の家には住む所がたくさんある。もしなければ、あなたがたのために場所を用意しに行くと言ったであろうか。行ってあなたがたのために場所を用意したら、戻って来て、あなたがたをわたしのもとに迎える。こうして、わたしのいる所に、あなたがたもいることになる」（1～3節）

「住む所」は、ヨハネ福音書のキーワードである「とどまる」（1・38「泊まる」、15・2「つながる」なども直訳は「とどまる」）から生まれた言葉です。イエスさまはこの世から退くことになりますが、それは天の国に、わたしたちがとどまるための場所をイエスさまが用意してくださるためだというのです。

「戻って来て」は、世の終わりにイエスさまが再臨なさることであり、さらに本章後半に出てくるように、聖霊という姿でイエスさまが戻って来てくださることをも含んでいるのでしょう。わたしたちを迎えるために、イエスさまが戻って来てくださるのです。

イエスさまは「わたしがどこへ行くのか、その道をあなたがたは知っている」（4節）とおっしゃるのですが、弟子の一人であるトマスが言います。「主よ、どこへ行かれるのか、わたしたちには分かりません。どうして、その道を知ることができるでしょうか」（5節）。このトマスはやがて、復活のイエスさまととても印象的な再会を果たすことになるでしょう（20・27）。

このトマスの言葉に応えて、とても大切なことをイエスさまがおっしゃっています。「わたしは道であり、真理であり、命である。わたしを通らなければ、だれも父のもとに行くことができない」（6節）。

どこへ行くにも行き方があります。神に至る道筋は、イエスさまご自身だとおっしゃっているのです。イエスさまのおっしゃること、なさる業についていけば、神へ行きつくことができます。今のわたしたちはイエスさまにじかにお会いすることはできませんが、礼拝説教や聖書がその仲立ちをしてくれています。

イエスさまが父なる神さまについて語っているのを聞き、フィリポが言います。「主よ、わたしたちに御父をお示しください。そうすれば満足できます」（8節）。するとイエスさまが言われました。「フィリポ、こんなに長い間一緒にいるのに、わたしが分かっていないのか。わたしを見た者は、父を見たのだ。なぜ、『わたしたちに御父をお示しください』と言うのか」（9節）。

フィリポは自分の目で見たことでないと、納得できない人だったのでしょう。彼は心の目、霊の目で見ることに慣れていなかったのかもしれません。イエスさまは彼を責めることなく、「わたしの語ることを聞き、わたしのしたことを見れば、わたしを通して父なる神さまのことがわかるはずだよ」と優しくおっしゃったのです。

イエスさまの言葉は続きます。「わたしが父の内におり、父がわたしの内におられることを、信じないのか。わたしがあなたがたに言う言葉は、自分から話しているのではない。わたしの内におられる父が、その業を行っておられるのである」（10節）。

父である神さまと御子イエスさまが一体であり、イエスさまの言葉にも業にも神さまの栄光が輝いていることが強調されています。本書でも見てきたように、ヨハネ福音書には2章から11章までに七つの「しるし」（奇跡）が記されていますが、これはまさに父と子が一体になって行われた業なのです。

さらにこの業が広がっていくさまが示されます。「わたしを信じる者は、わたしが行う業を行い、また、もっと大きな業を行うようになる。わたしが父のもとへ行くからである」（12節）。

なんと、イエスさまの偉大な業を、イエスさまを信じる者も行うようになるというのです。「わたしが父のもとへ行くからである」とは、イエスさまがこの後説明するように、ご自分の昇天後に聖霊が送られることを意味しているのでしょう。その聖霊によって力を得て、信仰者たちも偉大な業の担い手となります。

現代に生きるわたしたちにも同じことが起こるのです。三浦綾子さんの『塩狩峠』に、自分の命を犠牲にする鉄道員が出てきますが、三浦さんが描きたかったのは、まさにイエスさまの業を受け継いだ信仰者の姿だったはずです。

◆14章15～31節　聖霊を与える約束

イエスさまはこの世を去るにあたって、ご自分が決して弟子たちを見捨てて去るのではなく、ご自分がいなくなったら、代わりに聖霊を送って、弟子たちを助け続けることを約束してくださいました。

「わたしは父にお願いしよう。父は別の弁護者を遣わして、永遠にあなたがたと一緒にいるようにしてくださる」（16節）。「別の弁護者」というのが聖霊のことです。「弁護者」は、口語訳聖書では「助け主」と訳されていました。いつもわたしのそばにいて助け、弁護してくださる存在です。これまでは、イエスさまが「弁護者」でいてくださいました。イエスさまが天にお帰りになった後は、聖霊が「別の弁護者」として来てくださるのです。

ここでわたしたちは三位一体の神を知ることになります。天地を創造された父なる神は、わたしたちを造り、命をくださいました。子なる神・イエスさまは天の座を降り、わたしたちと同じ世界にいらして、父なる神が愛の神であることをわたしたちに知らせてくださいました。そしてこれから送ると約束なさった霊はわたしたちのうちに宿って、わたしたちに神の愛を教え、わたしたちが愛の業をすることができるように助けてくださるのです。

聖霊を授けることについて、イエスさまは弟子たちにこうも告げています。「わたしは、あなたがたをみなしごにはしておかない。あなたがたのところに戻って来る。しばらくすると、世はもうわたしを見なくなるが、あなたがたはわたしを見る。わたしが生きているので、あなたがたも生きることになる」（18〜19節）。

先ほども申しましたが、この「戻って来る」は世の終わりにイエスさまが再臨なさることと、聖霊という姿でイエスさまが戻って来てくださることの、二つの意味が重ねられているように思います。イエスさまがいなくなってしまった後も、弟子たちには聖霊が共にいてくださるので、彼らは「みなしご」ではありません。弟子たちは聖霊に励まされ、終わりの日に再びイエスさまにお目にかかる希望を抱きつつ、教会生活を送っていくことができます。

聖霊は、わたしたちに何をしてくださるのでしょうか。イエスさまの次の言葉はとても大切です。「弁護者、すなわち、父がわたしの名によってお遣わしになる聖霊が、あなたがたにすべてのことを教え、わたしが話したことをことごとく思い起こさせてくださる」（26節）。

イエスさまが語ってくださった御言葉を、イエスさまがいなくなった後も、聖霊が折々に「思い起こさせて」くださるのです。わたしたちも、ふと聖書の御言葉を思い出し、とても力づけられることがあるのではないでしょうか。それが聖霊の働きです。聖霊を通して、今もイエスさまがわたしたちにお語りくださるのです。

14章の説教を締めくくるのが、27節以降です。「わたしは、平和をあなたがたに残し、わたしの平和を与える。わたしはこれを、世が与えるように与えるのではない。心を騒がせるな。おびえるな」。

イエスさまは「平和」を「世が与えるように与えるので

はない」と言われています。では「世が与える平和」とはどういうものでしょう。現在の世界情勢を見て痛感するのは、わたしたちは自国の平和を守るために、敵を滅ぼそうとさえすることです。でもそんな平和は、いつも復讐におびえなければならない平和です。

これに対して、イエスさまが与えてくださる平和は、救いそのものです。13章で洗足の出来事を読みましたが、あのようにわたしたちが互いに仕え合い、愛し合うとき、そこに真の平和が実現するのです。イエスさまはそういう平和を残してくださり、聖霊がそれを実現する力を、わたしたちに与えてくださいます。

イエスさまがこうして、弟子たちに遺言とも言える説教をしているのは、「事が起こったときに、あなたがたが信じるようにと、今、その事の起こる前に話しておく」（29節）ためです。「事」とはイエスさまの十字架のことです。受難の場面では、「世の支配者」（30節）であるサタンがすべてを支配しているかのように思えてしまうかもしれません。でも、そうではないのです。「彼はわたしをどうすることもできない」とイエスさまは断言しています。イエスさまは「世の支配者」に勝利するお方です。

第15章

1～17節　イエスはまことのぶどうの木
18節～16章4節　迫害の予告

◆15章1～17節　イエスはまことのぶどうの木

このたとえ話はとてもわかりやすく、わたしたちがイエスさまとどのような関係を結べばよいのかを教えています。「わたしはまことのぶどうの木、わたしの父は農夫である」（1節）と始まります。イエスさまがぶどうの木で、神さまが農夫にたとえられています。

さらにイエスさまは、「わたしはぶどうの木、あなたがたはその枝である。人がわたしにつながっており、わたしもその人につながっていれば、その人は豊かに実を結ぶ。わたしを離れては、あなたがたは何もできないからである」（5節）ともおっしゃっています。わたしたちは「ぶどうの枝」です。

ここで大切なのは「つながる」という言葉です。本書ですでに触れていますが（16ページ参照）、直訳すれば「とどまる」です。9節に「わたしの愛にとどまりなさい」とありますが、この「とどまる」と「つながる」は原語が同じです。

思い出すのは1章です。洗礼者ヨハネがイエスさまを指し示し、「見よ、神の小羊だ」と二人の弟子に伝えた場面です。二人はイエスさまに近寄り「ラビ（先生）、どこに泊まっておられるのですか」（1・38）と尋ねます。この「泊まる」という言葉も「とどまる」なのです。

そう考えると、イエスさまにつながるとは、イエスさまと一緒に泊まり生活を共にするほどに、イエスさまの言葉にとどまり続けることだとわかります。そのようにすれば、枝は豊かな甘いぶどうの実をつけることができるのです。豊かな甘いぶどうとは、神を愛し、隣人を愛しこれに仕える生き方、ということでしょう。

「わたしにつながっていない人がいれば、枝のように外に投げ捨てられて枯れる。そして、集められ、火に投げ入れられて焼かれてしまう」（6節）とも言われます。これは、イザヤ書5章1節から始まる「ぶどう畑の歌」を思わせます。神に愛されてきたイスラエルの民が、神の愛の手から離れ、実らせたのが「酸っぱいぶどう」だったという箇所です。ここで神さまは「わたしはこれを見捨てる」（イザヤ書5・6）とおっしゃっているのです。ヨハネ福音書でもイエスさまにつながらない枝の行く末は、「火に投げ入れられて焼かれてしまう」というのですから、それは永遠の滅びとしての死を意味しているのでしょう。

これと対比するようにして、「あなたがたがわたしにつながっており、わたしの言葉があなたがたの内にいつもあるならば、望むものを何でも願いなさい。そうすればかなえられる」（7節）とイエスさまがおっしゃいます。

イエスさまの言葉、神の言葉が心の内に蓄えられている人の願いは「何でもかなえられる」とあるのですが、これはわたしたち人間の好き勝手な願いがかなえられるということではありませんね。コリントの信徒への手紙二2章15節に「わたしたちはキリストによって神に献げられる良い香りです」とあるように、イエスさまに結ばれ、イエスさまの愛にとどまっている人の願いは、自ずと良い香りを放つはずだからです。そういう願いを神さまが実現してくださるのです。

イエスさまの愛にとどまることは、わたしたちに「喜び」（11節）を与え、さらにわたしたちの生き方を形作ります。「友のために自分の命を捨てること、これ以上に大きな愛はない」（13節）とイエスさまは十字架へと至るご自分の生き方を示しつつ、「わたしの命じることを行うならば、あなたがたはわたしの友である」（14節）と、わたしたちにも「イエスさまの友」として同じ道を行くことを求めるのです。ヨハネの手紙にも同じような御言葉を見いだすことができます。「イエスは、わたしたちのために、命を捨ててくださいました。そのことによって、わたしたちは愛を知りました。だから、わたしたちも兄弟のために命を捨てるべきです」（Ⅰヨハネ3・16）。本書で先ほど（67ページ参照）例として示したコルベ神父の生涯を思い出しましょう。

そして「あなたがたがわたしを選んだのではない。わたしがあなたがたを選んだ。あなたがたが出かけて行って実を結び、その実が残るようにと、また、わたしの名によって父に願うものは何でも与えられるようにと、わたしがあなたがたを任命したのである」（16節）とイエスさまが言ってくださいます。これは、本当に大きな恵みです。

イエスさまがわたしたちを選んでくださいました。それはわたしたちがイエスさまにつながって、その愛にとどまり、イエスさまの愛にならって生きるためなのです。「互いに愛し合いなさい。これがわたしの命令である」（17節）。この言葉を心にしっかり刻みましょう。

◆15章18節～16章4節　迫害の予告

ここでイエスさまは、弟子たちがこれから受ける迫害を予告しています。

「世があなたがたを憎むなら、あなたがたを憎む前にわたしを憎んでいたことを覚えなさい」（18節）。弟子たちに向けられている憎しみは、元々はイエスさまへのものでした。なぜ弟子たちが憎まれるのかと言えば、彼らが、イエスさまと同じように「世に属していない」からです。「わたしがあなたがたを世から選び出した。だから、世はあなたがたを憎むのである」（19節）とイエスさまがおっしゃっています。

世は罪にまみれており、罪の内にある人間は神を嫌うのです。神がお造りになった最初の人アダムと、その連れ合いのエバは、神が食べてはいけないと言われた果実を食べたとたんに、神を避けるようになりました（創世記3章参照）。それが人間の本性です。子どもが母親からいけないと言われていたことをしてしまった後、大好きだった母親の目を避けたくなるのも同じことですね。そのように世は神を嫌い、憎むのです。

現代日本に生きるわたしたちは、イエスさまに従う者が迫害を受けるなどということが、実際にあるのかと思うかもしれません。しかしキリスト教会はその長い歴史の中で、耐え難い迫害にさらされたことが随分ありました。太平洋戦争の最中には、日本でも当局に捕らえられ、監禁された牧師が何人もいました。殺された牧師もいます。そして今でもキリスト教徒であることが知れると、身の危険を覚える国もあるのです。「人々がわたしを迫害したのであれば、あなたがたをも迫害するだろう」（20節）は、今なお現実なのです。

迫害する人々について、イエスさまが告げます。「わたしが来て彼らに話さなかったなら、彼らに罪はなかったであろう。だが、今は、彼らは自分の罪について弁解の余地がない」（22節）。イエスさまが多くのしるしを行い、御言葉を語ってくださったのに、それでもイエスさまを憎むなら、その罪に弁解の余地はありません。

「しかし、それは、『人々は理由もなく、わたしを憎んだ』と、彼らの律法に書いてある言葉が実現するためである」（25節）。『　』は旧約聖書からの引用を示します。この箇所は詩編35編19節、69編5節からだそうです。世の憎しみも旧約聖書にあらかじめ記されており、神さまのご計画の内にあることなのです。

26節以下で「弁護者」という言葉がもう一度出てきます（14・16参照）。これは「真理の霊」、つまり聖霊のことで、聖霊がイエスさまを証しし、さらに「あなたがた」（弟子たち、教会）もイエスさまを証しします（27節）。イエスさまを憎む世と、イエスさまを証しする弟子や教会とが対比されているのです。

なぜイエスさまが、これらの迫害の予告をしたかと言えば、「あなたがたをつまずかせないため」（16・1）でした。迫害の中で「人々はあなたがたを会堂から追放するだろう」と言われています。ほぼ同じ言葉が9章22節、12章42節にも出てきました。

参考書によると、これはイエスさまの時代の出来事というよりも、ヨハネ福音書が成立した当時の教会の状況だそうです。ヨハネ福音書が生まれた時代、キリスト教への迫害がいっそう激しくなっており、イエスさまを信じる者たちがユダヤ教の会堂から追い出されることが起こっていました。ユダヤの人々は一つの宗教によってしっかりと結ばれた民ですから、会堂から追放されることは、民の間での交わりを断たれ「村八分」にされるということです。極めて深刻な迫害だったのです。

しかも困ったことに、迫害する者たちは「自分は神に奉仕している」（2節）と思い込んでいるとあります。そういえばパウロも、かつて自分がどれほど熱心に、イエスさまを救い主と信じる者たちを迫害していたかを語っていました（使徒22・3〜5など）。かつてのパウロも、自分は正しいことをしていると信じきっていたのです。そういうことをする人たちは、「父をもわたしをも知らない」（3節）とイエスさまはおっしゃっています。

「その時」（4節）、つまり迫害が訪れたときに、その渦中に置かれる弟子たちが、これもイエスさまが予告したとおりであると思って、励ましを得ることができるように、イエスさまはあらかじめこのことを告げています。「しかし、これらのことを話したのは、その時が来たときに、わたしが語ったということをあなたがたに思い出させるためである」とあるとおりです。14章29節にも同じことが記されていましたね。

第16章

4～15節　聖霊の働き
16～24節　悲しみが喜びに変わる
25～33節　イエスは既に勝っている

◆16章4～15節　聖霊の働き

これからイエスさまと別れ、迫害を受けることになるとの予告を聞いて、弟子たちの心が沈み込んだのを感じ取ったからでしょう。イエスさまは弟子たちを励まします。

「しかし、実を言うと、わたしが去って行くのは、あなたがたのためになる。わたしが去って行かなければ、弁護者はあなたがたのところに来ないからである。わたしが行けば、弁護者をあなたがたのところに送る」（7節）

14章、15章にも出てきたように、この「弁護者」とは聖霊のことです。イエスさまとの別れは悲しみですが、その後に聖霊が来てくださるという意味で喜びなのです。聖霊は、弟子たちを助けて、罪とはどういうことか、義とは何のことなのか、裁きとはどういうことかを教え、「世の誤りを明らかに」（8節）してくれるでしょう。

罪とは、彼らがイエスさまを神の子と信じないこと（9節）、義とは、イエスさまが復活されて父のもとに帰るという神のはからい（10節）、裁きとは、この世の支配者たちが罪に陥っているとはっきりさせること（11節）なのです。

イエスさまの言葉は、まだ弟子たちには理解することができないかもしれません。「しかし、その方、すなわち、真理の霊が来ると、あなたがたを導いて真理をことごとく悟らせる。その方は、自分から語るのではなく、聞いたことを語り、また、これから起こることをあなたがたに告げるからである」（13節）。

イエスさまが去った後、「真理の霊」なる聖霊が、弟子たちを導いてくださいます。この真理の霊は、自分勝手に導くのではなく、父なる神の御心に従って導いてくれるのです。

14節では聖霊がイエスさまの栄光を弟子たちに明らかにすること、15節では父なる神さまとイエスさまが一体であることが再び強調されています。こうして父なる神、子なる神・イエス、そして聖霊なる神がひとつになって働くことが明らかにされます。教会でよく聞く「三位一体の神」とはまさにこのことです。

◆16章16〜24節　悲しみが喜びに変わる

「しばらくすると、あなたがたはもうわたしを見なくなるが、またしばらくすると、わたしを見るようになる」（16節）。弟子たちがイエスさまに再びお目にかかるとは、イエスさまの復活、昇天後の聖霊の到来、そして終わりの日のイエスさまの再臨という、この全体を視野に入れた言葉なのだと思います。

イエスさまは、イエスさまを憎む者たちの手によってとらえられ、鞭打たれ、いばらの冠を被せられ、罵詈雑言《ばりぞうごん》が渦巻く中で十字架にかけられ、亡くなります。それはイエスさまを憎む人たち、「世」にとっては喜びのときです。自分たちの思い通りにすることができたからです。しかし、それがイエスさまとの永遠の別れではないのです。イエスさまは復活し、聖霊が送られ、そして終わりの日に再臨してくださいます。

「はっきり言っておく。あなたがたは泣いて悲嘆に暮れるが、世は喜ぶ。あなたがたは悲しむが、その悲しみは喜びに変わる」（20節）。弟子たちが悲しみに襲われる前に、イエスさまは前もって「喜び」を予告してくださっています。女性が出産の苦しみを経て、子どもを与えられる喜びを受けるように（21節）、弟子たちも苦しみでは終わりません。

ルカ福音書で、イエスさまが弟子ペトロに告げた言葉を思い出します。「わたしはあなたのために、信仰が無くならないように祈った。だから、あなたは立ち直ったら、兄弟たちを力づけてやりなさい」（22・32）。このようにイエスさまは、これから苦しみにあう弟子たちに対して、その苦しみの後に希望が続くことを示して、励ましてくださるのです。

「ところで、今はあなたがたも、悲しんでいる。しかし、わたしは再びあなたがたと会い、あなたがたは心から喜ぶことになる。その喜びをあなたがたから奪い去る者はいない。その日には、あなたがたはもはや、わたしに何も尋ねない。はっきり言っておく。あなたがたがわたしの名によって何かを父に願うならば、父はお与えになる」（22〜23節）

イエスさまとの再会の「その日には」、イエスさまについてすべてが明らかにされるので、もう何も質問する必要がなくなります。それどころか、イエスさまの名によって願うなら、「父はお与えになる」と約束されています。

ところでこの「その日」とはいつのことでしょう。参考書には、これは主が再臨する終末のことであるとともに、聖霊を受けてわたしたちが教会生活を送っている今この時のことであるとありました。なるほどと思いました。だからこそわたしたちは、祈りをささげた最後に「イエスさまのみ名によって祈ります」と言うのですね。それは「はっきり言っておく。あなたがたがわたしの名によって何かを父に願うならば、父はお与えになる」というイエスさまの御言葉に信頼して、口にする言葉なのです。

◆16章25〜33節　イエスは既に勝っている

「わたしはこれらのことを、たとえを用いて話してきた。もはやたとえによらず、はっきり父について知らせる時が来る」（25節）

これまでイエスさまは、「ぶどうの木」のたとえなど、多くの人々が日常経験する出来事を用いて、人々がわかりやすいように、神さまのお心はどんなかということをお話しくださいました。でも、もっとはっきりとイエスさまが教えてくださる「時」がやってきます。

「その日には、あなたがたはわたしの名によって願うことになる」（26節）のであり、その日にはイエスさまが執り成す必要のないほどに、「父御自身が、あなたがたを愛しておられる」（27節）と言われています。この「その日」も、終末のことであるとともに、わたしたちが教会生活を生きている今のことでもあるのでしょう。

父なる神さまと弟子たちが直接つながるとは、どういうことでしょう。わたしたちはこの結びつきを、祈りを通して、経験できるのではないでしょうか。

弟子たちが「わたしたちにも祈りを教えてください」（ルカ11・1）とイエスさまに願ったとき、イエスさまは今わたしたちが「主の祈り」と呼んでいる祈りを教えてくださいました。その祈りの冒頭で、まず「父よ」と神さまに呼びかけなさいとすすめられています。何とイエスさまの父である神を、わたしたちも「父」と呼んでよいと言ってくださったのです。それほどにわたしたちは、父なる神さまと深い交わりをいただけるということです。

このような神さまとの関係をいただけるのは、「あなたがたが、わたしを愛し、わたしが神のもとから出て来たことを信じたからである」（27節）とあります。イエスさまを主と告白し洗礼を受けた人々は、まさにそのことによって、父なる神と直接のお交わりをいただけるのだと受け止めました。

弟子たちも「あなたが何でもご存じで、だれもお尋ねする必要のないことが、今、分かりました。これによって、あなたが神のもとから来られたと、わたしたちは信じます」（30節）と言い、自分たちがイエスさまの言葉を理解したことを表明します。

しかしイエスさまは、その弟子たちが間もなく自分を見捨ててしまうことをご存じです（32節）。それでも、「しかし、わたしはひとりではない。父が、共にいてくださるからだ」とおっしゃるのです。十字架においても父なる神さまと子なるイエスさまはひとつです（8・29参照）。

そしてさらに、こう続けるのです。「これらのことを話したのは、あなたがたがわたしによって平和を得るためである。あなたがたには世で苦難がある。しかし、勇気を出しなさい。わたしは既に世に勝っている」（33節）。

告別説教の中で、イエスさまはすでに「わたしは、平和をあなたがたに残し、わたしの平和を与える」（14・27）と告げていました。もう一度「平和」が出てきます。

イエスさまの苦難は苦難のままで終わらず、復活、聖霊の到来、再臨という、神の愛の勝利が訪れることを、イエスさまは教えてくださいました。イエスさまを信じる者たちもその勝利に連なることで、勇気を出すことができます。苦難の中でも、互いに愛し合う平和を生きることができるのです。

第17章

1～26節　　　イエスの祈り

◆17章1～26節　イエスの祈り

14章から続いてきたイエスさまの長大な説教の最後は、この17章の祈りです。地上を去ろうとしているイエスさまがささげる執り成しの祈りであり、「大祭司の祈り」とも呼ばれています。わたしはこれを読んだとき、すぐ「これは羊飼いの祈りだ」と思いました。神さまがイエスさまにお委ねになった羊である、わたしたち皆のために、羊飼いであるイエスさまが祈っています。

「父よ、時が来ました。あなたの子があなたの栄光を現すようになるために、子に栄光を与えてください」（1節）。12章23節でも「人の子が栄光を受ける時が来た」と言われていました。いよいよその「時」が近づいています。それは、「子があなたの栄光を現す」とき、イエスさまの十字架と復活によって神の栄光、わたしたちを救ってくださる神の愛の輝きが現されるときです。

十字架へと向かうイエスさまは、「（神さまから）ゆだねられた人すべてに、永遠の命を与えることができ」（2節）

ます。「永遠の命とは、唯一のまことの神であられるあなたと、あなたのお遣わしになったイエス・キリストを知ることです」（3節）。「知る」ことはただ頭で理解することだけでなく、神とイエスさまにとどまり、つながり続けることをも意味するのでしょう。そのつながりは地上の命の終わりによっても断ち切られないので、「永遠の命」なのです。

イエスさまは弟子たちに「御名を現しました」（6節）。そして残される弟子たちのために、イエスさまが祈ってくださいます。「わたしに与えてくださったものはみな、あなたからのものであることを、今、彼らは知っています。なぜなら、わたしはあなたから受けた言葉を彼らに伝え、彼らはそれを受け入れて、わたしがみもとから出て来たことを本当に知り、あなたがわたしをお遣わしになったことを信じたからです」（7～8節）。残される弟子たちは、イエスさまが神から来たものであることを知り、イエスさまの言葉を受け入れた信仰者です。

イエスさまはおっしゃいます。「彼らのためにお願いします。世のためではなく、わたしに与えてくださった人々のためにお願いします。彼らはあなたのものだからです」（9節）。信仰者は神さまのものなのです。だから「聖なる父よ、わたしに与えてくださった御名によって彼らを守ってください。わたしたちのように、彼らも一つとなるためです」（11節）と祈られています。

父なる神さまとイエスさまが一つであるように、弟子たちも一つになることを祈っていらっしゃいます。皆が一つの同じ信仰に生きるのです。使徒信条に「聖なる公同の教会」という言葉が出てきます。一つの信仰に生きることが公同の教会の姿ですね。今キリスト教会は全世界に広がって立てられていますが、どの教会も同じことを信じ、周りの人々に伝え続けています。公同とはそういうことです。

教会につながる人々は、「わたしだけの信仰」でなく、「教会の信仰」を共に信じているのです。そういう教会をイエスさまが求めてくださっています。

「しかし、今、わたしはみもとに参ります。世にいる間に、これらのことを語るのは、わたしの喜びが彼らの内に満ちあふれるようになるためです」（13節）。イエスさまは十字架にかかり、神のもとにお帰りになります。それは弟子にとって悲しみですが、でも悲しみでは終わらず、やがて喜びが彼らの胸にあふれてくるでしょう。これは前に語られた「真理の霊が来る」（16・13）ということと密接な関係があると思うのです。聖霊がわたしたちの所に来ることによって、悲しみは喜びに変わり（16・22）、わたしたちは伝道に立ち上がる原動力をいただきます。

このように地上には、イエスさまを信じる信仰者の群れが遺されます。「わたしは彼らに御言葉を伝えましたが、世は彼らを憎みました。わたしが世に属していないように、彼らも世に属していないからです。わたしがお願いするのは、彼らを世から取り去ることではなく、悪い者から守ってくださることです」（14～15節）。

弟子たちはイエスさまから神の言葉を聞き、これを信じたわけですが、そのことで今度は「世」から憎まれることになってしまいます。前にも記したように、長いキリスト教の歴史は、まさに迫害の歴史でした。わたしが子どもの頃には日本でも、キリスト教徒はあまり歓迎されないものでした。お祭りになると、町内会から家々にしめ縄が張り巡らされるのですが、わたしの家の前だけにはそれが途切れていました。小学校に通っていた頃には友達が「アーメン、ソーメン、冷やそうめん」とわたしのことをからかい、後ろから算盤《そろばん》で頭を叩かれながら学校に通ったものです。もっとも、そんなことは笑い話みたいなもので、信仰の先輩たちは世界中で、もっともっと苦しい目にあい続けてきたのです。

今わたしたちキリスト者は、イエスさまが神によってこの世に遣わされたように、イエスさまに後押しされて、世に遣わされ、世に仕えるものとされています（18節）。このわたしたちのためにイエスさまは、こうおっしゃっています。「彼らのために、わたしは自分自身をささげます。彼らも、真理によってささげられた者となるためです」（19節）。イエスさまの献身にならって、わたしたちも献身するということですね。心してこの言葉を聞きましょう。「献身」というと「牧師になること」のように考えてしまうのですが、それだけでなく、キリスト者として生きること自体が献身、神さまに自分自身をささげることなのだと思います。

さらにイエスさまは「また、彼らのためだけでなく、彼らの言葉によってわたしを信じる人々のためにも、お願いします」（20節）と、教会の伝道によって神を信じるようになる人たちのためにも祈ってくださっています。

こうして新たに信仰に導かれる人々も含めて、イエスさまは祈ります。「父よ、あなたがわたしの内におられ、わたしがあなたの内にいるように、すべての人を一つにしてください。彼らもわたしたちの内にいるようにしてください。そうすれば、世は、あなたがわたしをお遣わしになったことを、信じるようになります」（21節）。

「すべての人を一つに」はキリストによる愛で結ばれた群れを意味します。それこそが教会です。イエスさまが13章で弟子たちの足を洗ったのも、15章で「ぶどうの木」のたとえを語ったのも、そのような教会の姿を教えるためでした。

また使徒言行録によれば、最初期の教会の姿は、「信じた人々の群れは心も思いも一つにし、一人として持ち物を自分のものだと言う者はなく、すべてを共有していた。使徒たちは、大いなる力をもって主イエスの復活を証しし、皆、人々から非常に好意を持たれていた」（4・32〜33）というものでした。父と子がひとつであるように、その一致にあずかってわたしたちも愛によって一つになるのです。それによって教会は、世に対してイエスさまを証しすることができます。

こうした教会の一致は、「父よ、わたしに与えてくださった人々を、わたしのいる所に、共におらせてください。それは、天地創造の前からわたしを愛して、与えてくださったわたしの栄光を、彼らに見せるためです」（24節）という祈りによってさらに強められます。

イエスさまの「いる所」にわたしたちもいる、とはどういうことでしょう。わたしは「アッバ、父よ」（マルコ14・36）という祈りを思い出しました。イエスさまは、神さまに向けていつも親しく「アッバ、父よ」と祈っておられました。そのようにわたしたちも親しく神さまを呼び求めるなら、イエスさまの「いる所」に共におらせていただくことができるのではないでしょうか。そしてそのとき、わたしたちも、イエスさまが受けた栄光にあずかることができるのでしょう。

「わたしは御名を彼らに知らせました。また、これからも知らせます。わたしに対するあなたの愛が彼らの内にあり、わたしも彼らの内にいるようになるためです」（26節）。これが最後の祈りです。

弟子たちは、イエスさまから「御名」を教えていただき、御名によって祈る者となりました。「神さま」「父よ」「アッバ」。そのように御名によって祈るとき、神さまの愛が弟子たちの内にあり、イエスさまも彼らの内にいてくださるのです。

第18章

◆18章1～11節　裏切られ、逮捕される

17章までで長い告別説教と祈りが終わり、18～19章でイエスさまの受難が描かれます。

「こう話し終えると、イエスは弟子たちと一緒に、キドロンの谷の向こうへ出て行かれた。そこには園があり、イエスは弟子たちとその中に入られた」（1節）

キドロンの谷はエルサレムを囲む城壁の東にある、南北にわたる大きな谷で、神殿の丘とオリーブ山を隔てています。イエスさまはこの谷を渡ってオリーブ山に向かい、そこにある「園」に入りました。マタイ、マルコ福音書はこの園をゲツセマネと呼んでいます。

イスカリオテのユダがそこに兵士や祭司長たち、ファリサイ派の人々を引き連れてやってきました。「松明《たいまつ》やともし火や武器を手に」（3節）、まるで強盗を捕らえに来たかのような物々しさでした。

イエスさまは「御自分の身に起こることを何もかも知っておられ」（4節）、進み出て、ユダたちに「だれを捜して

いるのか」と問いかけます。彼らが「ナザレのイエスだ」と答えると、イエスさまは「わたしである」と言われました（5節）。

6章20節で恐れる弟子たちに、イエスさまが「わたしだ」と宣言する場面がありましたが、この「わたしだ」と「わたしである」は同じ言葉です。これは6章の解説にも記したように、自分が神であることを告げる特別な言葉なのです。だからこそ「イエスが『わたしである』と言われたとき、彼らは後ずさりして、地に倒れた」（6節）のです。

イエスさまは彼らに、自分はここにいるのだから「この人々は去らせなさい」（8節）と言います。「この人々」とは弟子たちのことです。イエスさまは最後の最後まで、弟子たちを守ってくださったのでした。こうして「あなたが与えてくださった人を、わたしは一人も失いませんでした」（9節）と言われたイエスさまの言葉が実現するのです（6・39参照）。

弟子のシモン・ペトロはイエスさまを守ろうと、剣で大祭司の手下マルコスに打ってかかり、右耳を切り落としま す（10節）。そのペトロにイエスさまは言われました。「剣をさやに納めなさい。父がお与えになった杯《さかずき》は、飲むべきではないか」（11節）。ペトロにとってイエスさまは特別な方でしたが、イエスさまの使命がどんなものか、やはりまだペトロは本当にはわかっていなかったのです。

◆18章12〜14節　イエス、大祭司のもとに連行される

「そこで一隊の兵士と千人隊長、およびユダヤ人の下役たちは、イエスを捕らえて縛り」（12節）ました。「千人隊長」はローマ軍の兵士千人を指揮する隊長です。イエスさまの逮捕にローマ兵が関わっていたことを記すのは、ヨハネ福音書だけです。

彼らはイエスさまを、「大祭司カイアファのしゅうと」（13節）であるアンナスのところに連れていきました。大祭司はユダヤの政治集団の頂点に立つ人物です。カイアファはすでに11章に出てきましたね。「一人の人間が民の代わりに死ぬ方が好都合だと、ユダヤ人たちに助言したのは、このカイアファであった」（14節）は、11章50節を振り返っている言葉です。

このときの大祭司はカイアファでしたが、そのしゅうとだったアンナスがまだ大きな力を持っていたので、イエスさまはまずアンナスの所に引いて行かれたのかもしれません。その審判をお受けになった後、イエスさまは24節でカイアファのもとに送られています。

なお他の福音書では、最高法院というユダヤの議会でイエスさまが裁判を受けますが、ヨハネ福音書に最高法院は出てきません。

◆18章15～18節　ペトロ、イエスを知らないと言う

13章38節でイエスさまがペトロの裏切りを予告していましたが、それが実際のものとなります。

他の福音書にもペトロが大祭司の公邸の庭に入り込んだことは書いてありますが、ヨハネ福音書だけは、大祭司の知り合いだった「もう一人の弟子」（16節）が手引きをしたことに言及しています。

門番の女中に「あなたも、あの人の弟子の一人ではありませんか」（17節）と問われると、ペトロは「違う」と否定しました。「あなたのためなら命も捨てます」（13・37）と明言したほどのペトロですら、イエスさまを裏切ることになってしまったのです。人間がどれほど弱く自分本位なのか、わたしたちもしっかり知らねばなりません。

◆18章19～24節　大祭司、イエスを尋問する

大祭司の尋問が始まります。「大祭司はイエスに弟子のことや教えについて尋ねた」（19節）。この大祭司はアンナスのことかもしれません。24節に「アンナスは、イエスを縛ったまま、大祭司カイアファのもとに送った」とあるからです。

大祭司がイエスさまに教えの内容を尋ねると、「なぜ、わたしを尋問するのか。わたしが何を話したかは、それを聞いた人々に尋ねるがよい。その人々がわたしの話したことを知っている」（21節）と返事をします。他の福音書と比べると、イエスさまがよくお語りになっているのに気づきます。

平手で打たれたときも、イエスさまは「何か悪いことを

わたしが言ったのなら、その悪いところを証明しなさい。正しいことを言ったのなら、なぜわたしを打つのか」（23節）と毅然と言い返しています。

◆18章25～27節　ペトロ、重ねてイエスを知らないと言う

ペトロの裏切りのエピソードが再開します。火にあたっていたペトロに、人々が「お前もあの男の弟子の一人ではないのか」（25節）と問うと、ペトロは打ち消します。さらにもう一度、問うてきたのは、何と「ペトロに片方の耳を切り落とされた人の身内の者」でした（18・10参照）。これでは、ペトロはもう首根っ子を押さえられたようなものです。ペトロはもう逃げるすべがありません。それでもペトロがもう一度イエスさまとの関係を打ち消したとき、「鶏が鳴いた」（27節）のです。

「ああ、俺はあの先生を裏切ってしまった」。悔いても、悔いても、悔い切れない罪でした。

◆18章28～38節　ピラトから尋問される

舞台はカイアファのもとから、ローマ総督ピラトの官邸に移ります。時刻は明け方でした。しかし、イエスさまを連れてきた人々は「自分では官邸に入らなかった」（28節）のです。それは「汚《けが》れないで過越の食事をするため」に、ユダヤ人が異邦人と接触するのを避けたからです。

ピラトは彼らに、自分たちの律法でイエスさまを裁くように命じますが、彼らは「わたしたちには、人を死刑にする権限がありません」（31節）と答えます。ユダヤ人たちはローマ総督の権力でイエスさまを死刑にしようとしたのです。

そしてそれは、単にユダヤ人たちの陰謀ではなく、イエスさまがあらかじめ告げていたことでした（32節）。12章32～33節に「『わたしは地上から上げられるとき、すべての人を自分のもとへ引き寄せよう。』イエスは、御自分がどのような死を遂げるかを示そうとして、こう言われたのである」とありました。「地上から上げられる」は十字架

にかけられることですね。このことがすでに予告されていました。そしてこのイエスさまの十字架によって、その後イエスさまを救い主と信じるようになる人が続出していくのです。

ピラトはもう一度官邸に入り、イエスさまに「お前がユダヤ人の王なのか」（33節）と尋ねます。参考書によれば、これは「政治犯として訴えようとのユダヤ人たちの意図を見抜き（六・一五）、イエスに否定させようとして質問した」（『新共同訳　新約聖書略解』）言葉でした。それに対してイエスさまは、「あなたは自分の考えで、そう言うのですか。それとも、ほかの者がわたしについて、あなたにそう言ったのですか」（34節）と問い返します。

ピラトはそれには直接答えず「お前の同胞や祭司長たちが、お前をわたしに引き渡したのだ。いったい何をしたのか」（35節）と二つ目の質問をします。それにイエスさまは、こうお答えになりました。

「わたしの国は、この世には属していない。もし、わたしの国がこの世に属していれば、わたしがユダヤ人に引き渡されないように、部下が戦ったことだろう。しかし、実際、わたしの国はこの世には属していない」（36節）。イエスさまが支配なさるのは、この世ではないということでしょう。

これを聞いてピラトが「それでは、やはり王なのか」（37節）と問い、イエスさまが「わたしが王だとは、あなたが言っていることです」と答えます。参考書によれば、ここでイエスさまはピラトに対して、「わたしが王なのだが、あなたは自分が言っている意味が、分かって言っているのか」と尋ねていると理解できるそうです。

イエスさまがピラトに続けて言います。「わたしは真理について証しをするために生まれ、そのためにこの世に来た。真理に属する人は皆、わたしの声を聞く」。イエスさまこそまことの王であり、その王国はこの世にではなく、神さまに属するものです。イエスさまが証しするこの真理を受け入れるかどうかを、わたしたちは問われています。

しかしピラトは言います。「真理とは何か」（38節）。ピラトは結局、イエスさまが伝える真理がわからなかったようです。わたしたちはどうでしょう。

第19章

◆18章38節～19章16節　死刑の判決を受ける

ピラトはイエスさまに色々質問しましたが、イエスさまのおっしゃることがピンと来なかったのでしょう。ピラトはユダヤ人ではなくローマ人です。その視点からはイエスさまに罪ありとは思えなかったのです。そこで彼は、ユダヤ人たちの前にもう一度出ていって、「わたしはあの男に何の罪も見いだせない」（38節）と言いました。

ピラトは、祭りの恩赦の際にイエスさまを釈放することもできると、ユダヤ人たちに持ち掛けます（39節）。ところがそれは、ユダヤ人たちにはとんでもないことです。「その男ではない。バラバを」（40節）と大声で言い返してきました。ヨハネ福音書にはバラバは「強盗」だったとありますが、ルカ福音書には「都に起こった暴動と殺人のかどで投獄されていた」（23・19）とあります。

この群衆の叫びにピラトは負けました。「そこで、ピラトはイエスを捕らえ、鞭で打たせた」（1節）のです。さらにローマ兵が「茨で冠を編んでイエスの頭に載せ、紫の服をまとわせ、そばにやって来ては、『ユダヤ人の王、万歳』と言って、平手で打った」（2〜3節）のでした。

それでもピラトは、イエスさまを有罪としたことが心の中でわだかまりになっていたらしく、無力で惨めなイエスさまの姿をユダヤ人たちに示せば、「わたしが彼に何の罪も見いだせないわけが分かるだろう」（4節）と言っています。そしてイエスさまをユダヤ人たちの前に連れ出して、「見よ、この男だ」（5節）と告げたのでした。

しかしまたもや「十字架につけろ。十字架につけろ」（6節）の大合唱に包まれるのです。ピラトが「わたしはこの男に罪を見いだせない」と再度言うと、ユダヤ人たちは「わたしたちには律法があります。律法によれば、この男は死罪に当たります。神の子と自称したからです」（7節）と応じました。イエスさまがご自分を神と等しい者であると自称したこと（10・30など）が、問題だというのです。

「ピラトは、この言葉を聞いてますます恐れ」（8節）ました。ユダヤ人たちの「イエスを死刑に」という思いの激しさに触れ、それを退ければ暴動が起こるかもしれないと感じたのかもしれません。

その後もピラトはイエスさまを釈放しようとしましたが、ユダヤ人たちが叫びます。「もし、この男を釈放するなら、あなたは皇帝の友ではない。王と自称する者は皆、皇帝に背いています」（12節）。王を自称するイエスさまは皇帝に背く者であり、ピラトがそういう者を釈放するなら、あなたも「皇帝の友ではない」というのです。ピラトはこのユダヤ人の言葉に負けました。自分の地位が大事だったのです。

イエスさまへの尋問が終わり、いよいよ判決がくだされます。「それは過越祭の準備の日の、正午ごろであった」（14節）とヨハネ福音書は言います。他の福音書ではイエスさまが十字架につけられるのが午前九時（マルコ15・25など）ですから、違う時間が記されています。

ピラトがユダヤ人たちに、「見よ、あなたたちの王だ」とイエスさまを示すと、ユダヤ人たちは「殺せ。殺せ。十字架につけろ」（15節）と叫びます。ピラトが「あなたたちの王をわたしが十字架につけるのか」とさらに言うと、祭司長たちは、「わたしたちには、皇帝のほかに王はありません」と答えました。

「そこで、ピラトは、十字架につけるために、イエスを彼らに引き渡した」（16節）。とうとうイエスさまに死刑判決が下ってしまいました。

◆19章16〜27節　十字架につけられる

「こうして、彼らはイエスを引き取った。イエスは、自ら十字架を背負い、いわゆる『されこうべの場所』、すなわちヘブライ語でゴルゴタという所へ向かわれた」（16〜17節）

他の福音書ではキレネ人シモンがイエスさまの十字架を代わりに担ぎますが（マルコ15・21など）、ヨハネ福音書では最後までイエスさまお一人で十字架を担いでいきます。十字に組まれた木を背負ってイエスさまが歩いている姿が描かれることがありますが、実際は十字架の縦の柱は刑場に立ててあり、横の柱だけを担がされたそうです。

刑場であるゴルゴタに到着したイエスさまは、いよいよ十字架に手足を釘づけられるのですが、「イエスと一緒にほかの二人をも、イエスを真ん中にして両側に、十字架につけた」（18節）とあります。これで、自ずとイエスさまが罪人たちの真ん中にいてくださることが明らかになりました。ある人は、「ここに最初の教会がある」と言ったそうですが、そのとおりだと思います。罪人たちのただ中にイエスさまがいてくださるのが、教会なのです。

十字架にかけられたイエスさまの頭の上には、罪状書きがありました。そこには「ナザレのイエス、ユダヤ人の王」（19節）とありました。その罪状書きは多くの人が目にし、また「ヘブライ語、ラテン語、ギリシア語で書かれていた」（20節）ので多くの人が理解することができました。

絵画などで、「INRI」と書かれた札が十字架に掲げられているのを見たことがあるかもしれません。あれはラテン語で、Iesus Nazarenus Rex Iudaeorum（ナザレのイエス、ユダヤ人の王）の頭文字です。

この罪状書きについて、次のようなやりとりがなされます。「ユダヤ人の祭司長たちがピラトに、『「ユダヤ人の王」と書かず、「この男は『ユダヤ人の王』と自称した」と書いてください』と言った。しかし、ピラトは、『わたしが書いたものは、書いたままにしておけ』と答えた」（21～22節）。

確かにユダヤ人たちは、この罪状書きを「ユダヤ人の王を自称した者」という罪を伝えるものとして理解したでしょう。しかし実は、イエスさまこそ、ここに記されたとおり、まことの王、救い主でありました。ピラトは自覚しないままに、イエスさまがまことの「ユダヤ人の王」であると伝える罪状書きは真実を伝えています。その意味でこの罪状書きは真実を伝えていました。

兵士たちはイエスさまを「十字架につけてから、その服を取り、四つに分け、各自に一つずつ渡るように」（23節）しました。こうして「彼らはわたしの服を分け合い、わたしの衣服のことでくじを引いた」（24節）という旧約聖書の御言葉（詩編22・19）が実現しました。

イエスさまの十字架のそばに女性たちがいました。その中に母マリアもいました。

「イエスは、母とそのそばにいる愛する弟子とを見て、母に、『婦人よ、御覧なさい。あなたの子です』と言われた。それから弟子に言われた。『見なさい。あなたの母です。』そのときから、この弟子はイエスの母を自分の家に引き取った」（26～27節）

十字架刑は本当にむごたらしい刑です。ローマ帝国では最も忌まわしい、屈辱的な殺され方と見なされていました。両方のてのひらを横桁にくぎ付けされ、足は左右を一つにまとめて太い釘で縦木に打ち付けられ、それを真っ直ぐに立てるのです。当然足を踏ん張ることもできず、ひどい出血と痛み、疲労を何時間も続け、息絶えさせるのです。その苦しみは一日、二日と続くこともありました。

そのイエスさまの苦しむ様子をあざ笑う人々の中に、じーっと立ち尽くす女性の弟子たちがいたのです。特にイエスさまの母マリアの心痛はどれほどだったでしょう。

その母マリアと「そのそばにいる愛する弟子」（13・23、20・2など参照）に向けてイエスさまは、十字架の上から、ご自分の亡き後の新しい道を指し示します。「婦人よ、御覧なさい。あなたの子です」。こうしてイエスさまが愛していた弟子が、マリアの子になります。

続いてイエスさまは弟子に言います。「見なさい。あなたの母です」。これからはマリアが弟子の母になります。

ここに血縁によらない新しい「家族」が生まれます。使徒言行録に「彼らは皆、婦人たちやイエスの母マリア、またイエスの兄弟たちと心を合わせて熱心に祈っていた」（1・14）とあります。マリアと弟子たちがひとつになって祈っている様子に、わたしたちは新しい「家族」を見いだすことができるのではないでしょうか。

教会はしばしば「神さまによって集められた家族」であると言われます。その萌芽がこの十字架のもとにいるマリアと弟子にあるのでしょう。

◆19章28〜30節　イエスの死

「この後、イエスは、すべてのことが今や成し遂げられたのを知り、『渇く』と言われた。こうして、聖書の言葉が実現した」（28節）。この「渇く」は詩編22編16節の言葉です。十字架の場面で、詩編の言葉が実現したということをヨハネは何度も記し、強調していますね。

そのイエスさまの口元に、人々は、酸いぶどう酒を含ませた海綿を近づけます（29節）。この酸いぶどう酒は詩編69編22節から来ているそうです。そのぶどう酒を受けて、イエスさまは最後に「『成し遂げられた』と言い、頭を垂れて息を引き取られ」（30節）ました。

最後の「成し遂げられた」は重い言葉です。この一言に、イエスさまが人となってこの世に来てくださった意味のすべてが、込められています。イエスさまの十字架によって、わたしたちは罪を赦され、神の国に生きる望みをいただきました。まさにそのことが成し遂げられたのです。

◆19章31〜37節　イエスのわき腹を槍で突く

この箇所はヨハネ福音書だけが記しています。イエスさまが亡くなったのは「準備の日」（31節）で、翌日は「特別の安息日」（31節）、過越祭の一日目でした。過越祭は必ず安息日に当たるわけではなく、この年、たまたま安息日だったのです。安息日にはすべての労働が禁じられるので、イエスさまを含む三人を十字架から下ろすこともできなくなってしまいます。だからユダヤ人は「足を折って取り降ろすように、ピラトに願い出た」のです。まだ生きていれば絶命させるためです。

イエスさまの両脇で十字架につけられた男性は足を折られましたが、「イエスのところに来てみると、既に死んでおられたので、その足は折らなかった」（33節）とあります。36節で「これらのことが起こったのは、『その骨は一つも砕かれない』という聖書の言葉が実現するためであった」とあるように、詩編34編21節がここで実現しています。さらに、出エジプト記12章46節に「（屠《ほふ》った羊の）骨を折ってはならない」と書いてあることを踏まえると、ここでイエスさまが過越の犠牲とされた小羊になぞらえられているとも言えます。出エジプトの出来事によって民が奴隷の苦しみから解放されたように、わたしたちもイエスさまの犠牲によって罪の奴隷の苦しみから解放されたのです。

さらに、このような不思議な記述が続きます。「しかし、兵士の一人が槍《やり》でイエスのわき腹を刺した。すると、すぐ血と水とが流れ出た」（34節）。参考書によれば、この「血と水」は聖餐や洗礼を象徴していた可能性があるとのことです。

また、「わたしを信じる者は、聖書に書いてあるとおり、その人の内から生きた水が川となって流れ出るようになる」（7・38）との御言葉を思い出しましょう。続く7章39節にこの「水」は聖霊を意味するとあります。それを踏まえると、19章34節では、十字架のイエスさまから聖霊が流れ出して、人々に注がれることが表現されているのかもしれません。

最後の37節は、ゼカリヤ書12章10節「彼らは、彼ら自らが刺し貫いた者であるわたしを見つめ、独り子を失ったように嘆き、初子の死を悲しむように悲しむ」から来ています。

◆19章38～42節　墓に葬られる

ピラトに申し出て、イエスさまの遺体を十字架から下ろしたのは、アリマタヤ出身のヨセフです。

マルコ福音書によれば、彼は「身分の高い議員」で「神の国を待ち望んでいた」人でした（15・43）。議員という高い地位にあったためでしょうか。彼は「イエスの弟子でありながら、ユダヤ人たちを恐れて、そのことを隠していた」（38節）のです。しかしここに来て、彼は勇気を出して名乗り出ました。この人はその立場上、ピラトに直接交渉することが容易だったのでしょう。

　そこにニコデモもやってきます。彼はヨハネ福音書3章1節以下、7章50節でも姿を見せていました。彼も「ユダヤ人たちの議員」（3・1）であり、人目を避けて夜にイエスさまを訪ねてきたのでした。そのニコデモが、遺体に添える「没薬《もつやく》と沈香《じんこう》を混ぜた物を百リトラばかり」（39節）持って来ました。「百リトラ」は約三三キロです。この量の多さに、ニコデモがイエスさまに抱く思いの大きさが表されているように思います。

　ヨセフとニコデモの二人は、これまで自分の信仰を公にすることにためらいを感じていたかもしれませんが、イエスさまの死に出会って、イエスさまに従っていく決心を固めたのです。二人はイエスさまの遺体を受け取って、亜麻布に包みました。

　イエスさまのお墓については次のように記されています。「イエスが十字架につけられた所には園があり、そこには、だれもまだ葬られたことのない新しい墓があった。その日はユダヤ人の準備の日であり、この墓が近かったので、そこにイエスを納めた」（41～42節）。ユダヤでは日没から新しい一日が始まります。日が暮れると安息日に入ってしまうので、近くのお墓は好都合でした。

第20章

◆20章1～10節　復活する

20章と21章が、ヨハネ福音書の最後に置かれた復活の場面です。いよいよイエスさまが世に遣わされたのが何のためであったかが、はっきりしてきます。

福音書の初めに、イエスさまがナタナエルに対して「いちじくの木の下にあなたがいるのを見たと言ったので、信じるのか。もっと偉大なことをあなたは見ることになる」（1・50）とおっしゃっていました。それが実現するのです。教会が「我はその独り子、我らの主、イエス・キリストを信ず。主は聖霊によりてやどり、処女《おとめ》マリヤより生《うま》れ、ポンテオ・ピラトのもとに苦しみを受け、十字架につけられ、死にて葬られ、陰府《よみ》にくだり、三日目に死人のうちよりよみがへり……」と告白する使徒信条の核心がここに記されてあります。

「週の初めの日、朝早く、まだ暗いうちに、マグダラのマリアは墓に行った」（1節）。「週の初めの日」とは、日曜日のことです。

朝早く、イエスさまのお墓に向かったのはマグダラのマリアです。彼女については「七つの悪霊を追い出していただいたマグダラの女と呼ばれるマリア」（ルカ8・2）と記されています。悪霊にとりつかれてイエスさまに癒やしていただいた女性です。とてもお世話になったからでしょう。イエスさまをどうしても見送りたいと思い、安息日が明けるのを待って急いでお墓に向かったのです。

また、このマグダラのマリアはしばしば、ルカ福音書7章36～50節に記された「罪深い女」と重ねられてきました。イエスさまの足に、涙ながらに香油を塗った女性です。彼女についてイエスさまは、「この人が多くの罪を赦されたことは、わたしに示した愛の大きさで分かる」（ルカ7・47）とおっしゃいました。

もし、まっさきにお墓に来たのがこの女性であるなら、彼女がイエスさまのよみがえりの最初の証人とされたことに、わたしは大きな意味を見いだします。イエスさまによって罪赦された者として、彼女は、そしてわたしたちは、イエスさまを主と信じて生きていくように励まされているのではないでしょうか。


イエスさまのお墓には石でふたがしてありました。しかしマリアが墓に行ってみるとその石が取りのけてあり、しかもお墓の中はからっぽでした。そこでマリアは「シモン・ペトロのところへ、また、イエスが愛しておられたもう一人の弟子のところへ走って行って彼らに告げた。『主が墓から取り去られました。どこに置かれているのか、わたしたちには分かりません』」（2節）。

マリアは見たことを知らせにシモン・ペトロのもとへ走ります。マグダラのマリアが悪霊にとりつかれた者であったように、ペトロもまたイエスさまの前でつまずいてしまった弟子でした。ペトロはイエスと一緒に死ぬとまで言ったのでしたね（13・37）。それが保身のため、三度もイエスを知らないと言った（18・15以下）、その張本人だったのです。イエスさまは、こうしたわたしたちの弱さ、罪深さに寄り添ってくださるためにこそ復活してくださったのではないでしょうか。

マリアはまた「イエスが愛しておられたもう一人の弟子」にも、お墓がからっぽであったことを伝えています。この人のことは、この福音書で何度か出てきましたね。13

章23節や19章26節をご覧ください。この後にも何度か登場します。マリアの言葉を聞いて、ペトロともう一人の弟子がイエスさまのお墓に駆けつけます。弟子が最初に到着し、続いてペトロも到着します。「彼は墓に入り、亜麻布が置いてあるのを見た。イエスの頭を包んでいた覆いは、亜麻布と同じ所には置いてなく、離れた所に丸めてあった」（6～7節）。確かにイエスさまのご遺体がなくなっていました。もう一人の弟子も「入って来て、見て、信じた」（8節）のです。

その後に、「イエスは必ず死者の中から復活されることになっているという聖書の言葉を、二人はまだ理解していなかったのである。それから、この弟子たちは家に帰って行った」（9～10節）とあります。8節に「信じた」とあるのに、ここで「まだ理解していなかった」とあるのはどういうことでしょう。これから待っているイエスさまとの出会いによって、ますます深く復活を理解していくということを示しているのかもしれません。

◆20章11～18節　イエス、マグダラのマリアに現れる

墓の中に愛するイエスさまのご遺体がないことを見て、マリアが泣き出します。「泣きながら身をかがめて墓の中を見ると、イエスの遺体の置いてあった所に、白い衣を着た二人の天使が見えた。一人は頭の方に、もう一人は足の方に座っていた」（11～12節）。お墓に天使がいたのです。その天使がマリアに尋ねます。「婦人よ、なぜ泣いているのか」（13節）。マリアは「わたしの主が取り去られました。どこに置かれているのか、わたしには分かりません」と答えます。そう言いながら「振り向くと」（14節）、なんとそこにイエスさまが立っておられるではありませんか。

参考書に、この「振り向く」という言葉が大切であると書いてありました。マリアはお墓の中を見つめています。でもいくら見ても、そこにイエスさまはおられません。大切なのは視線の向きを一八〇度変えることです。そこに永遠の命を生きておられるイエスさまが立っているのです。「振り向く」は、この視線の大転換を示す言葉なのでしょ

う。ここからマリアとイエスさまとの会話が始まります。

「イエスは言われた。『婦人よ、なぜ泣いているのか。だれを捜しているのか。』マリアは、園丁だと思って言った。『あなたがあの方を運び去ったのでしたら、どこに置いたのか教えてください。わたしが、あの方を引き取ります』」（15節）。マリアはこの時点では、イエスさまのことがわかりませんでした。その人を園丁（庭師）だと勘違いしています。

「イエスが、『マリア』と言われると、彼女は振り向いて、ヘブライ語で、『ラボニ』と言った。『先生』という意味である」（16節）。けれども、次にイエスさまが「マリア」と名前で呼びかけると、彼女は再び振り向いて、ハッとイエスさまを認めるのです。この呼びかけが大事なのだと思います。マリアが振り向くことができるように、イエスさまが呼びかけてくださいました。

子どもの賛美歌に「ひとりひとりのなをよんで　あいしてくださるイエスさま　どんなにちいさなわたしでも　おぼえてくださるイエスさま」（『幼児さんびかⅡ』キリスト教保育連盟）という歌があります。それを思い出しました。

「羊飼いは自分の羊の名を呼んで連れ出す」（ヨハネ10・3）とあるように、羊飼いであるイエスさまは自分の羊の名を皆覚えていてくださり、わたしたち一人一人の名を呼んでくださるのです。

「ラボニ」という呼びかけは「ラビ」と同じだそうです。マリアは生前のイエスさまを、尊敬と愛情をこめてそう呼んでいたのでしょう。

イエスさまがマリアに言います。「わたしにすがりつくのはよしなさい。まだ父のもとへ上っていないのだから」（17節）。ここでイエスさまはご自分が天に帰る、昇天のことをおっしゃっているのでしょう。マリアはイエスさまにすがりついて、イエスさまを自分のもとに留めておくことはできないのです。

続けてイエスさまがおっしゃいます。「わたしの兄弟たちのところへ行って、こう言いなさい。『わたしの父であり、あなたがたの父である方、また、わたしの神であり、あなたがたの神である方のところへわたしは上る』と」。

「わたしの兄弟たちのところへ行って」という言葉も、読み飛ばしてしまいそうですが、大事なところです。イエスさまは、弟子たちを「兄弟」と呼んでくださるのです。なぜならイエスさまと弟子たちは、同じお方を「父」とする間柄だからです。

マリアは早速行って、弟子たち、兄弟たちに「わたしは主を見ました」（18節）と告げ、イエスさまから託されたメッセージを伝えたのでした。

◆20章19～23節　イエス、弟子たちに現れる

「その日、すなわち週の初めの日の夕方、弟子たちはユダヤ人を恐れて、自分たちのいる家の戸に鍵をかけていた」（19節）。日曜日の朝、イエスさまはマグダラのマリアに現れました。その日の夕方のことです。

「弟子たちはユダヤ人を恐れて」という言葉には、アリマタヤのヨセフが「ユダヤ人たちを恐れて」（19・38）いたことを思い出します（9・22も参照）。弟子たちは、イエスさまのように自分も捕まってしまうのではないかと恐れて、家の中に閉じこもり、戸を閉めた上、鍵までかけていました。

ところがその家の中にイエスさまが入ってきたのです。「そこへ、イエスが来て真ん中に立ち、『あなたがたに平和があるように』と言われた」。こうしてイエスさまは、14章で「わたしは、平和をあなたがたに残し、わたしの平和を与える」（27節）と約束された、その約束を果たされました。

この「平和」という語は、イエスさまたちが挨拶の言葉として使っていた「シャローム」というヘブライ語だったと考えられます。シャロームは、神さまが共にいてくださるときに与えられる平和、平安のことです。イエスさまはおびえている弟子たちの真ん中に立って、「わたしが共にいるから大丈夫」とおっしゃっているのです。主イエスが一緒にいてくださるので、わたしたちはどんなときも本当にうれしい平和をいただくことができます。

イエスさまは、そう言ってご自分の「手とわき腹とを」（20節）弟子たちに見せました。その手には釘のあとが、脇腹には槍で突かれたあとがあったでしょう。それを見て弟子たちは、確かにあの十字架におかかりになったイエスさまが、自分たちのもとに帰ってきてくださったことを知

りました。

「弟子たちは、主を見て喜んだ」とあります。それはそうでしょう。どんなに喜んだことでしょう。この喜びについて、15章11節にこうありました。「これらのことを話したのは、わたしの喜びがあなたがたの内にあり、あなたがたの喜びが満たされるためである」。イエスさまとしっかり繋がっているときに与えられる「喜び」です。イエスさまとご一緒していたときの、あの喜びが、平安が戻ってきたのです。

イエスさまは続いて言われました。「あなたがたに平和があるように。父がわたしをお遣わしになったように、わたしもあなたがたを遣わす」（21節）。

そして彼らにご自分の息を吹きかけて「聖霊を受けなさい。だれの罪でも、あなたがたが赦せば、その罪は赦される。だれの罪でも、あなたがたが赦さなければ、赦されないまま残る」（22～23節）とおっしゃいました。

イエスさまが息を吹きかけたという箇所に、わたしは創世記の初めの人間が創造される場面を思い出しました。「主なる神は、土（アダマ）の塵《ちり》で人（アダム）を形づくり、その鼻に命の息を吹き入れられた。人はこうして生きる者となった」（創世記2・7）。

死んだようであった弟子たちが、今イエスさまの息をいただいて新しく創造されて、もう一度立ち上がるのです。そしてこの息は聖霊であると22節で説明されています。賛美歌の「かみのいきよ、われに満ちて、みこころを常になさせたまえ」（『讃美歌』177番、3番）という歌詞も思い出します。

弟子たちは、聖霊をイエスさまからいただいて、宣教の使命へと派遣されました。弟子たちの気持ちはどうだったでしょう。主を捨てた。その取り返せない罪を犯してしまった者に、人を赦す権威が委ねられました。弟子たちの誰もが「このわたしが?」と思ったに違いありません。自分がなおもイエスさまに赦され、しかも信頼されている。大きな、大きな喜びだったでしょう。

◆20章24～29節　イエスとトマス

弟子たちのところにイエスさまが来てくださって、皆は喜びにあふれました。しかしそこにいなかった弟子がいます。「十二人の一人でディディモと呼ばれるトマスは、イエスが来られたとき、彼らと一緒にいなかった」（24節）のです。

トマスについては、11章16節にこうありました。「ディディモと呼ばれるトマスが、仲間の弟子たちに、『わたしたちも行って、一緒に死のうではないか』と言った」。14章5節には次のようにあります。「トマスが言った。『主よ、どこへ行かれるのか、わたしたちには分かりません。どうして、その道を知ることができるでしょうか』」。

こうした言葉によって、トマスがイエスさまに対するまっすぐな熱い信仰を持っていたことが伝わってきます。その信仰の熱心さのゆえに、イエスさまを裏切ってしまった自分への失望も、人一倍深かったのかもしれません。弟子たちが皆集まっているところに、トマスだけはいませんでした。

「ほかの弟子たちが、『わたしたちは主を見た』と言うと、トマスは言った。『あの方の手に釘の跡を見、この指を釘跡に入れてみなければ、また、この手をそのわき腹に入れてみなければ、わたしは決して信じない』」（25節）。トマスは、弟子たちの言葉を素直に信じることができませんでした。

弟子たちは、イエスさまと寝食を共にしながら三年間も伝道旅行をしてきました。その仲間のみんなが主イエスにお会いしたのに、自分だけはお会いできなかった、というのでトマスは寂しかったのでしょう。彼の強がりというか、少しすねた気持ちが出たようにも思えます。しかしイエスさまは、このトマスを放ってはおきません。

「さて八日の後、弟子たちはまた家の中におり、トマスも一緒にいた」（26節）。「八日の後」とは、イエスさまが弟子たちのところに現れてから一週間経って、次の日曜日のことです。

前と同じように、弟子たちは鍵をかけた家に閉じこもっています。そこに今度はトマスもいます。しかしイエスさまは、またもやここに入ってきてくださり、「あなたがたに平和があるように」とおっしゃったのです。

そしてイエスさまは、トマスをじーっとご覧になったのではないでしょうか。イエスさまは、トマスが口にした

「わたしは決して信じない」という言葉をちゃんとご存じでした。そのトマスの思いを受け止めて、おっしゃったのです。「あなたの指をここに当てて、わたしの手を見なさい。また、あなたの手を伸ばし、わたしのわき腹に入れなさい。信じない者ではなく、信じる者になりなさい」（27節）。イエスさまはトマスが信じる者となることができるために、なんでもしてくださるのです。

トマスにこのイエスさまの思いが伝わります。トマスがイエスさまを愛するよりも前に、イエスさまがトマスを愛してくださっていました。「あなたがたがわたしを選んだのではない。わたしがあなたがたを選んだ」（15・16）とイエスさまは告げてくださっていました。イエスさまの愛がいつも先行していることを、トマスはこのとき深く知らされたのです。

そしてトマスの口をついて、とても大切な信仰告白の言葉が出てきます。「わたしの主、わたしの神よ」（28節）。イエスさまがわたしの主であり、わたしの神である。このトマスの信仰告白は、わたしたちの信仰告白でもありますね。ヨハネ福音書は、読者がこの最も大事な信仰告白を自分のものとして告白できるように、この言葉に向けて書かれてきたと言えるのかもしれません。

最後に、イエスさまがトマスに言います。「わたしを見たから信じたのか。見ないのに信じる人は、幸いである」（29節）。この言葉は、トマスを始めとする聖書の中に出てくる弟子たちに向けられたというよりも、イエスさまを肉眼で見ることはかなわないわたしたちに向けられた言葉なのでしょう。

ペトロの手紙一にも「あなたがたは、キリストを見たことがないのに愛し、今見なくても信じており、言葉では言い尽くせないすばらしい喜びに満ちあふれています」（1・8）とあります。信仰は、見たから信じられる、というものではないのですね。イエスさまのお言葉のとおり、わたしたちは「見ずして信ずるもの」になりたいと思います。

◆20章30〜31節　本書の目的

「このほかにも、イエスは弟子たちの前で、多くのしるしをなさったが、それはこの書物に書かれていない」（30節）。ほぼ同じことが21章25節にも記されています。イエスさまの言葉や行いの記録は、他にもたくさんあり、その中から特に大切なものが選ばれてこの福音書が出来上がったのでしょう。

そのようにして福音書が書かれた目的が、最後に明らかにされています。「これらのことが書かれたのは、あなたがたが、イエスは神の子メシアであると信じるためであり、また、信じてイエスの名により命を受けるためである」（31節）。

トマスはイエスさまを「わたしの主、わたしの神よ」と呼ぶことができました。同様に、この福音書の読者一人一人を、イエスさまこそ「神の子メシア」であると信じる信仰に導くために、ヨハネ福音書は書かれました。その信仰によって、わたしたちは永遠の命をいただくのです。

第21章

参考書によれば、ヨハネ福音書は20章までで終わっていたのですが、21章が後から加えられたと考えられているそうです。

◆21章1～14節　イエス、七人の弟子に現れる

「その後、イエスはティベリアス湖畔で、また弟子たちに御自身を現された」（1節）と始まります。「イエスが死者の中から復活した後、弟子たちに現れたのは、これでもう三度目である」（14節）とありますが、復活の主はマグダラのマリアに現れ、トマスを含む弟子たちに現れ、そして今回、と数えられているようです。

「ティベリアス湖」はガリラヤ湖のことです。そこに「シモン・ペトロ、ディディモと呼ばれるトマス、ガリラヤのカナ出身のナタナエル、ゼベダイの子たち、それに、ほかの二人の弟子が一緒にいた」（2節）のです。「ガリラヤのカナ出身のナタナエル」は、ヨハネ福音書の初めに「もっと偉大なことをあなたは見る」（1・50）と聞いていた人です。

20章には、弟子たちがエルサレムで復活のイエスさまにお目にかかったことが描かれていました。しかしそれでも、主を失ってがっかりしてしまったのでしょうか、彼らは21章では故郷のガリラヤに帰り、主に召される前の漁師の生活に戻っています。

その中でのリーダーはやはりペトロです。彼が「わたしは漁に行く」（3節）と言うと、他の仲間たちもついていきます。しかし、夜通し漁をしても何もとれませんでした。彼らが「だめだった」と疲れはてて、岸に帰ってきたときのことです。

なんと「既に夜が明けたころ、イエスが岸に立っておられた」（4節）のです。夜明けの薄明かりの中で岸に立つ、イエスさまのお姿を思い浮かべてください。でも「弟子たちは、それがイエスだとは分からなかった」のです。マグダラのマリアが、復活のイエスさまに出会ってもわからなかったことを思い出します（20・14）。

そのマリアに、イエスさまのほうから声をかけてくださいました。ここでも同じです。イエスさまは弟子たちに「子たちよ、何か食べる物があるか」（5節）と語りかけます。弟子たちが「ありません」と言うと、さらにイエスさまは「舟の右側に網を打ちなさい。そうすればとれるはずだ」（6節）とおっしゃいます。

弟子たちは夜通し漁をしていたのです。舟の右も左も網を入れたでしょう。今さら何を言うか、と思わなかったのでしょうか。でも、そのお言葉のとおりに弟子たちが網を打ってみると、何ということか、重くて網が引き上げられないほどの魚がかかっていたのです。

聖書になじみのある方は、「あれ、この話、どこかで読んだぞ」と思うかもしれません。そうです。ルカ福音書5章1節以下によく似たエピソードが記されています。ルカでは生前のイエスさまですが、ヨハネでは復活のイエスさまが出てくるのが大きな違いです。

そこにいるのがイエスさまであることに気づいたのは、「イエスの愛しておられたあの弟子」（7節）でした（13・23、19・26、20・2など参照）。彼がペトロに「主だ」と言うと、ペトロはそれを聞いて「裸同然だったので、上着をまとって湖に飛び込んだ」のです。ペトロの慌てようが目に見えるようです。ペトロにとって、イエスは特別も特別な方です。その方の前で裸でいることなどできませんでした。

ほかの弟子たちは、魚のかかった網を引いて舟で戻ってきました。舟は陸から「二百ペキス」（8節、九〇メートルほど）しか離れていませんでした。みなが陸に上がってみると、もう炭火がおこしてあり、その上に魚もパンもありました。その香ばしい香りに、夜通し働いた弟子たちのお腹は、ぐーぐー鳴ったかもしれません。その弟子たちにイエスさまは「今とった魚を何匹か持って来なさい」（10節）と声をかけました。

「シモン・ペトロが舟に乗り込んで網を陸に引き上げると、百五十三匹もの大きな魚でいっぱいであった。それほど多くとれたのに、網は破れていなかった」（11節）。参考書によれば、この「百五十三」は「当時の地中海世界で知られていた魚の種類とされ、世界中の人々の救いが象徴されているとされる」（『新共同訳　新約聖書略解』）とのことです。

マルコ福音書で、イエスさまが弟子たちに「わたしについて来なさい。人間をとる漁師にしよう」（1・17）とおっしゃいましたが、何よりイエスさまご自身が「人間をとる漁師」なのですね。世界中の人々が、イエスさまという漁師によって捕らえていただく魚です。

イエスさまは弟子たちに「さあ、来て、朝の食事をしなさい」（12節）と言われました。「弟子たちはだれも、『あなたはどなたですか』と問いただそうとはしなかった。主であることを知っていたからである。イエスは来て、パンを取って弟子たちに与えられた。魚も同じようにされた」（12～13節）。パンをさいて、魚も分け与えてくださるイエスさまのお姿は、弟子たちの見慣れたものだったのでしょう。そこにおられるのが、わたしたちの「主」であるイエスさまであることを疑う者は、もう誰もいませんでした。

◆21章15～19節　イエスとペトロ

弟子たちと対話した復活のイエスさまが、続いて今度はペトロただひとりと対話をしてくださいます。20章でもまず弟子たちとイエスさま、それからトマス個人とイエスさまという具合に描かれていましたね。

「食事が終わると、イエスはシモン・ペトロに、『ヨハネの子シモン、この人たち以上にわたしを愛しているか』と言われた。ペトロが、『はい、主よ、わたしがあなたを愛していることは、あなたがご存じです』と言うと、イエスは、『わたしの小羊を飼いなさい』と言われた」（15節）

これはペトロの人生で最大の出来事でした。イエスさまに「わたしを愛しているか」と聞かれたとき、ペトロは瞬時に「はい」と言えたでしょうか。ペトロには大きなためらいがあったはずです。

イエスさまがあの大きな十字架の苦難にあわれる直前、ペトロに、「わたしのために命を捨てると言うのか。はっきり言っておく。鶏が鳴くまでに、あなたは三度わたしのことを知らないと言うだろう」（13・38）と彼の離反を告げたとき、「まさかこのわたしが？」と思ったに違いありません。ところがイエスさまが捕らえられて、大祭司の庭に様子をうかがいに行ったとき、結局主の言われたとおりに自分はなってしまったではないか。今「わたしを愛しているか」と問われ、それはそのとおり間違いのないことなのだけれども、ずばりとお返事ができない。そういう大きなためらいがあったと思うのです。

と同時に、この言葉を耳にしたとき、ペトロは「赦された！」と感じなかったでしょうか。そのような、ないまぜになった思いを抱えつつ、「……はい」と言ったに違いありません。

この問答はさらに続きます。二度目のやりとりがあり、さらに「三度目にイエスは言われた。『ヨハネの子シモン、わたしを愛しているか。』ペトロは、イエスが三度目も、『わたしを愛しているか』と言われたので、悲しくなった。そして言った。『主よ、あなたは何もかもご存じです。わたしがあなたを愛していることを、あなたはよく知っておられます。』イエスは言われた。『わたしの羊を飼いなさい』」（17節）。

三度イエスさまが「わたしを愛しているか」とペトロに尋ねてくださったことは、三度ペトロがイエスさまを否んだことに対応しています。三度問われたペトロが「悲しくなった」というのは、「イエスさまが自分を信頼してくださらない」という思いもあったかもしれませんが、それ以上に、イエスさまを三度も「知らない」と言ってしまった自分を思い出して悲しくなったということではないでしょうか。でも今、そういう自分の弱さを「何もかもご存じ」のうえで、イエスさまが再び来てくださり、再び声をかけてくださっているのです。三度の過ちを上塗りする三度の愛によって、自分が完全に赦されていることを、ペトロは心から感謝したにちがいありません。

そのペトロの耳に、「わたしの羊を飼いなさい」というイエスさまのお声が響きます。大きな、尊い仕事です。イエスさまが残していく、たくさんの信徒たちの面倒を見なさいというのです。彼らの生活のことばかりではありません。彼らが「イエスさまはキリスト、救い主である」との信仰を堅く保ち続けられるように導いていきなさいとおっしゃるのです。牧会の仕事です。「このわたしが?」、ペトロは再びそう思ったに違いありません。

イエスさまが続けます。「『はっきり言っておく。あなたは、若いときは、自分で帯を締めて、行きたいところへ行っていた。しかし、年をとると、両手を伸ばして、他の人に帯を締められ、行きたくないところへ連れて行かれる。』ペトロがどのような死に方で、神の栄光を現すようになるかを示そうとして、イエスはこう言われたのである。このように話してから、ペトロに、『わたしに従いなさい』と言われた」(18~19節)。

羊の世話をする「牧者」となるペトロは、これから自分の思いのままに生きるのではありません。神の導きのままに生きていくのです。そのために一番大事なことは、イエスさまに従うことです。牧者に一番必要なことはイエスさまという「まことのぶどうの木」(15・1)にしっかりつながり続けることです。主につながり続けたペトロは、その生涯を殉教の死で終えたと言われています。

若いころ、ポーランドの作家シェンキェヴィチの小説『クォ・ヴァディス』を読みました。ローマ皇帝ネロのキリスト教大迫害を背景に描かれる物語です。当時のローマに、イエスさまをキリストと信じる人たちと一緒にペトロもいました。しかし迫害のあまりのものすごさに、ペトロはローマを抜け出します。ローマを後にひたすらアッピア街道を歩いていたそのペトロが、向こうからやって来る人に出会うのです。主イエスでした。

驚いたペトロがイエスさまに「主よいずこに?(クォ・

ヴァディス・ドミネ）」と聞くと、イエスさまは「あなたがわたしの民を見捨てたローマへ」と静かにおっしゃいました。それを聞いて、ペトロは向きをくるっと変えます。そうしてローマに引き返し、やがてローマの兵士たちに捕まり、十字架の刑に処せられました。

これが「わたしの羊を飼いなさい」「わたしに従いなさい」と命じられたペトロの生涯でした。

一度はイエスさまを裏切った弟子たちです。でも復活の主との出会いによって、「赦された」という感謝が与えられ、それが「これからはどこまでも主に従うぞ」という伝道の原動力となったのです。

◆21章20～25節　イエスとその愛する弟子

「わたしに従いなさい」と命じられたペトロが、後ろを振り向くと、「イエスの愛しておられた弟子がついて来るのが見えた」（20節）のです。「この弟子は、あの夕食のとき、イエスの胸もとに寄りかかったまま、『主よ、裏切るのはだれですか』と言った人である」とは、13章25節のイエスさまが弟子たちと最後の食事をなさったときのことを示しています。ペトロは彼を見て「主よ、この人はどうなるのでしょうか」（21節）とイエスさまに尋ねました。

「わたしの羊を飼いなさい」（17節）という大きな仕事をいただいたペトロです。ペトロはそれに邁進《まいしん》すればよいのです。でも彼はこの「イエスの愛しておられた弟子」が気になっています。「イエスの胸もとに寄りかかったまま」という言葉に、この弟子とイエスさまの親密さが表されています。そういう弟子に対し、もしかするとペトロにはうらやましい思いがあったのかもしれません。だから「主よ、この人はどうなるのでしょうか」と尋ねたのです。

するとイエスさまは「わたしの来るときまで彼が生きていることを、わたしが望んだとしても、あなたに何の関係があるか。あなたは、わたしに従いなさい」（22節）とお答えになりました。イエスさまの答えは、「あなたはあなた、彼は彼、それぞれ違うのだ」ということです。イエスさまはわたしたち一人一人を、それぞれにふさわしい、ユニークな形で選び、招いてくださっているのです。他人と比較することは無意味です。

「あなたは、わたしに従いなさい」。イエスさまはペトロにビシッとおっしゃいました。

24〜25節がヨハネ福音書を締めくくる結びの言葉です。

「これらのことについて証しをし、それを書いたのは、この弟子である。わたしたちは、彼の証しが真実であることを知っている。

イエスのなさったことは、このほかにも、まだたくさんある。わたしは思う。その一つ一つを書くならば、世界もその書かれた書物を収めきれないであろう」

わたしたちが一緒に読んできたヨハネ福音書は、「イエスの愛しておられた弟子」が書いたとされています。19章26節には彼が、母マリアと一緒にイエスさまの十字架のもとにいたことも記されていました。筆をおくにあたって、イエスさまと共に過ごした時間、その中で経験した事柄が、走馬灯のように彼の頭の中を駆け巡っていたでしょう。

彼の経験した一つ一つが彼に新しい命を与えたのであり、その命へとわたしたちを招くために彼はこの福音書を記したのです。

おわりに

フランスのミレーという画家に「種をまく人」という作品がありますね。この種をまく人の姿に重なる話が、聖書の中にも出てきます。マタイによる福音書13章、マルコによる福音書4章、ルカによる福音書8章。この三つの福音書の中に見ることができます。

こんなお話です。種をまく人が種まきに出ていきます。そしてあのミレーの絵のように、袋の中いっぱいに入れた種を手でひとつかみ、つかむと、ぱあーっとばらまきます。

当然種は、よく耕したところに落ちるものもあれば、道端の石地に落ちるもの、いばらの茂ったところに飛んでいくものもあります。落ちたところがよく耕された土のあるところならよいのですが、そうでないところでは、せっかく芽を出しても根が伸びるすべがないので枯れてしまいます。いばらの生えているところに落ちたものは、いばらの方が繁殖力旺盛《おうせい》ですから、それに負けて伸び悩んでしまうと、そのようなお話です。

このお話は二つのとらえ方があると思います。一つは、自分はこの中のどの土地であるかを考える読み方です。自分の心は、神の言葉、聖書の言葉が健やかに育つ、よく耕されている畑になっているだろうかと顧みるのです。

もう一つの読み方では、種をまく人と自分を重ねます。伝道に際しては、この種まきのように、どんな人にも神の言葉を届けるべきだと受け取ります。この人には届けるが、この人は受け入れないだろうと考えてやめておく、というのではなく、相手がどんな人でも伝えるのだ。神の言葉がその人の心の中に根付くか否かは、神の領分であり、人の努力ではないのだ。そういうメッセージを聞き取ることができます。

このごろ、わたしにとってこの二つの理解がどちらも、ますます大切になってきています。自分を顧みつつ、大胆に御言葉を伝えていきたいと。

わたしは一九四四年、中学生のときに洗礼を受けました。しかし聖書を読むのは日曜日の礼拝、そして家庭で週に一度、家族の礼拝があり、そのときに読むくらいでした。年齢を重ねてきて、やはり聖書を日頃から読む習慣を作っておかないと、心の中にしっかり御言葉が根付かないなと考えるようになりました。最近は妻と一緒に毎朝、日本キリスト教団出版局の聖書日課に沿って旧約聖書と新約聖書を読み、主の祈りをして終わるということを習慣にしています。そのせいか、毎日の生活がとても穏やかで、主の恵みを感謝することが多くなりました。

そんなことから、「少しでも多くの方々に聖書の力で養われていただきたい。日常の家庭で聖書を読んでいただきたい」と考えるようになり、その助けになる書物を書こうと思いたちました。そして『はじめてのマルコ福音書』を数年前に書き、わたしの通っている教会の前の牧師であった勝田英嗣先生（二〇二二年逝去）のお勧めで、日本キリスト教団出版局にお願いして、二〇二三年に刊行していただきました。そして今回、二冊目として書いたのがこの『はじめてのヨハネ福音書』です。

『はじめてのマルコ福音書』のあとがきにも記したことですが、教会の礼拝説教でフィリピの信徒への手紙が取り上げられたことがありました。ある主日礼拝の説教で、1章12節の「兄弟たち、わたしの身に起こったことが、かえって福音の前進に役立ったと知ってほしい」というところから、「パウロが獄に監禁されたという不幸なことがあったのに、それにもかかわらず福音は前進した。そもそもそういう力が、神の言葉にはあるのだ」と語られたのです。それはわたしには大きな驚きでした。神の言葉には、それ自体前進する力がある。

伝道とは牧師だけがおできになることではなく、誰でもできる。子どもでもできる。そういうことなのだと知りました。御言葉自体に力がみなぎっているので、その御言葉を隣人に伝えればよいのです。教会に来てごらんなさいとお誘いするだけでもよいのです。それを受け取った方の心に御言葉が根付き、育つかどうかは神さまがお決めになることですから、わたしたちは自分のできることをすればよいのです。

四つある福音書の中で、そういうことをはっきり教えてくれているのはヨハネによる福音書だと思い、本書を書きました。本書の校正を繰り返し読んで、わたしが書いたものであるのに、自分の信仰がさらに育てられるのを感じました。聖書について書いているのですから、当然かもしれません。ヨハネによる福音書の終わり近くに、「これらのことが書かれたのは、あなたがたが、イエスは神の子メシアであると信じるためであり、また、信じてイエスの名により命を受けるためである」（20・31）とあります。この本がそのために役立つことを願っています。

わたしは九十代半ばの年老いた信徒です。教職の先生方のように教理を学んだものでもありません。しかし聖書は頭だけで理解できるものではありません。魂で読むものではないでしょうか。勉強とは違うのです。

聖書は、最初の人は土で造られ、鼻から神さまに「命の息」を吹き入れられて生きるものとなったと言っています（創世記2・7）。人はその息で、神さまと心をやり取りできるものとされたということではないでしょうか。お互いに聖書から健やかな魂の育ちをいただきましょう。

終わりに、わたしのつたないこの本を、出版局の土肥研一牧師が編集してくださり、本当に読み易くしてくださったこと、心からお礼申し上げます。

二〇二五年二月

棟居　正

棟居《むねすえ》　正《ただし》

1930年、東京市に生まれる。旧制明治学院専門学校英米文学科卒業。横須賀学院に奉職、小学校、中学校、高等学校、夜間英語学校の英語を担当。その後青山学院に招聘され、中等部、高等部の英語科教員を務める。この間宗教活動を行うクラブ活動の顧問を務める。日本基督教団神奈川教区鎌倉雪ノ下教会を経て、現在も東京教区柿ノ木坂教会で教会学校の奉仕を続けている。著書に『はじめてのマルコ福音書』(日本キリスト教団出版局)。

はじめてのヨハネ福音書

2025年 3月25日　初版発行

著者　棟居 正

発行　日本キリスト教団出版局
〒169-0051
東京都新宿区西早稲田2-3-18
電話・営業 03(3204)0422
編集 03(3204)0424
https://bp-uccj.jp/

印刷・製本　ディグ

ISBN978-4-8184-1190-6 C0016　日キ販
Printed in Japan